100 jeux de theatre à l'école maternelle

3/6 ANS

Dominique Mégrier

RETZ
www.editions-retz.com
9 BIS, RUE ABEL HOVELACQUE
75013 PARIS

Remerciements

*L*es jeux et exercices qui composent ce livre sont le fruit d'un travail de formation et d'animation que j'effectue maintenant depuis une vingtaine d'années. Certains sont inventés, d'autres adaptés.

Je remercie ici ceux qui m'ont fait découvrir et aimer la matière théâtrale. Merci à Serge Lhorca, mon professeur au Conservatoire. Merci à Alain Héril avec qui, depuis quinze ans, jour après jour, j'ai pu mettre en œuvre, dans la gaieté, la joie et l'amour, mon travail de recherche, de formatrice et de comédienne, et sans qui je ne serais jamais allée aussi loin dans ce domaine. Je tiens également à dédier ce livre à mon fils David, pour l'enfant qu'il a été et l'adulte qu'il est devenu, pour les enfants du monde, en hommage à leur joie et à leur courage. Merci enfin à Jacques Vallois, directeur d'école, pour ses conseils d'ordre pédagogique qui concernent les enfants de maternelle.

L'auteur

DANGER
LE PHOTOCOPILLAGE TUE LE LIVRE

© Éditions Retz, 1995 pour la première édition
© Éditions Retz/S.E.J.E.R., 2004 pour la présente édition
ISBN : 978-2-7256-2222-4

Sommaire

ANNEXES

Préface

« 100 jeux de théâtre à l'école maternelle » : voilà un titre qui pourrait, à première vue, sembler paradoxal.

Le théâtre, serait-on tenté de penser, est une affaire de « grands » ; c'est une affaire d'acteurs qui est mise en œuvre par des spécialistes, pour des adultes avertis au plan culturel : Molière, Corneille, Racine, Beaumarchais, Victor Hugo, Ionesco, Labiche... Voilà des auteurs ! Talma, Sarah Bernhard, Gérard Philipe, Jean Piat... Voilà des acteurs !

Et les petits élèves de la maternelle ? Le livre de Dominique Mégrier — qui est le troisième d'une veine pédagogique particulièrement bien exploitée — nous convaincra sans peine, enseignants, animateurs, parents, que le théâtre constitue un ressort pédagogique, j'oserai dire psycho-pédagogique, remarquablement efficace pour les apprentissages de tous ordres, dès l'aube de la scolarité.

Entrer dans la dynamique du théâtre dès l'école maternelle, c'est déjà prendre conscience de son corps, c'est découvrir sa capacité d'expression, le faire bouger, parler, en maîtriser la gestuelle, en utiliser les ressources, le rendre signifiant d'un message. Mettre son corps en scène, c'est être à l'aise avec lui, c'est affiner sa motricité, conditions indispensablement favorisante des apprentissages.

Le théâtre à l'école maternelle, c'est aussi situer son corps dans l'espace, se distinguer du monde environnant dont le petit enfant a encore une perception syncrétique, prendre des repères, s'organiser, évoluer dans des limites.

Le théâtre, c'est encore écouter, répondre, rythmer sa communication, prendre spontanément conscience de l'Autre, l'affronter, le comprendre, l'aimer au travers de situations dans lesquelles l'imaginaire aime tant à se projeter.

Évoluer dans l'espace, savoir écouter, construire son langage, vivre des pratiques sociales, créer, se créer dans l'imaginaire, n'est-ce pas là des apprentissages premiers de l'école maternelle ?

Par le jeu théâtralisé, le jeune enfant acquiert une reconnaissance de soi, une habitude « d'apprivoiser » l'autre, une confiance en soi car il a trouvé à se valoriser en-deçà et au-delà des compétences traditionnelles que sollicite l'école et vis-à-vis desquelles il se trouve parfois en échec, surtout s'il est issu de quartiers défavorisés comme ceux où intervient depuis longtemps Dominique Mégrier.

Et celle-ci fait entrer dans la magie du théâtre, elle propulse sur la scène les petits élèves de maternelle, tout simplement, très concrètement, au travers de ces « 100 jeux ».

Les objectifs sont clairs, le matériel accessible et pratique, les consignes explicites, les registres d'expression exploités sous divers angles. On a envie de dire, de jouer, de lire, d'écrire des histoires. Voilà un guide sûr pour les maîtres mais aussi les parents, les partenaires de l'école qui voudront mettre en scène la maternelle.

Puissent ces petits élèves, à l'aide de cet excellent outil, devenir des acteurs... les acteurs de leur propre scolarité réussie !

Joël Maireau
Inspecteur de l'Éducation
nationale

$\mathcal{A}$vant-propos

Le théâtre en maternelle

C'est à partir de toutes les formes de manifestations sponta-nées propres à l'enfance, appelées par Jean Piaget « animisme enfantin » et « comportement magique », qu'est née l'idée de théâtre en maternelle : les premières « trouvailles » des petits ne sont-elles pas « on dirait que je serais la princesse, toi le prince, et on s'aimerait » ?

La disposition des enfants à donner vie aux objets en leur prêtant des intentions, à s'attribuer des rôles, offre un vaste champ particulièrement important pour notre monde d'adultes ; la seule ambition ne peut être que de travailler sur cette inso-lente imagination afin de la dépasser, de la domestiquer pour en faire une force d'expression et un moyen de grandir.

Dire, vivre, bouger pour s'exprimer est le seul but à atteindre. C'est vouloir sortir ce qui est « dedans » en rêvant, en s'amusant ensemble, pour tenter de construire le monde de demain.

Le jeu et l'enfant
Le jeu c'est le travail de l'enfant, c'est son métier, c'est sa vie.
P. KERGOMARD

Jouer : ce verbe n'est-il pas employé au théâtre et dans le lan-gage enfantin ? Nous trouvons une corrélation entre le jeu, l'en-fant et ce qu'apporte le théâtre à l'enfant. En effet, pour lui, le jeu est :

1. Un besoin qui contribue à son développement physique, aux améliorations de ses conduites motrices, à la connaissance qu'il doit avoir de ses propres possibilités physiques et de son schéma corporel.

2. Un moyen d'expression qui favorise son développement intellectuel et culturel (connaissances, développement critique) et la mise en place de structures mentales.

3. Un plaisir qui facilite son développement social, ses relations interindividuelles, la sociabilité et l'échange, la disparition de l'égocentrisme.

4. Une motivation qui permet son développement affectif, la formation et l'affirmation de soi (la connaissance de sa propre sensibilité et celle des autres).

Le jeu théâtral réunissant ces quatre postulats est donc une véritable éducation de l'enfant, car il lui apprend :

1. Par le biais du jeu comme besoin

- L'espace et les espaces : notre espace quotidien et ceux qui s'inscrivent hors de notre quotidien.
- La connaissance de son propre corps en faisant qu'il devienne l'instrument par lequel passera toute créativité.

2. Par le biais du jeu comme moyen d'expression

- À travailler son imaginaire. Antoine Vitez disait : « Le théâtre ne parle pas d'ici et maintenant mais d'ailleurs, d'autrefois. » Travaillons ensemble cet « ailleurs-autrefois ».
- À écouter. Accepter de « faire le vide » en soi et autour de soi, apprendre à être attentif pour une écoute de soi et des autres.
- La rigueur, car nous bannissons ces idées préconçues au sujet de l'art ne voyant le jour que dans la douleur ou la fantaisie.
- À exprimer son ressenti et à développer sa sensibilité. Accepter d'avoir des émotions et de les partager.

3. Par le biais du jeu comme plaisir

- Le collectif. Accepter que dans le groupe chaque individu puisse s'exprimer tel qu'il est en laissant les autres s'exprimer tels qu'ils sont et, à partir de là, rechercher la mise en œuvre d'une expression commune.
- L'échange. Donner et recevoir comme des actes de joie et d'amour.

4. Par le biais du jeu comme motivation

- L'humilité. Tous sont égaux devant le fait théâtral, car au théâtre il n'y a pas de bonne ou de mauvaise réponse.
- Se risquer. Car le théâtre n'est pas une pédagogie du modèle, mais un travail de création qui s'inscrit dans la proposition concrète et le risque.

Le théâtre et l'enfant

1. L'enfant et sa perception du monde : théâtre et réalité

L'enfant perçoit la réalité comme un monde où tout se confond, comme un monde à son image, sans qu'il soit capable de dépasser son point de vue propre. Il se dissocie mal de son milieu à la différence de l'adulte, lorsqu'il parle, il n'exprime que lui-même ; l'enfant est donc égocentrique car, dans sa situation initiale, il vit son milieu biologiquement, affectivement, mais ne le connaît pas. Le théâtre va donc l'aider à prendre conscience de lui-même, à faire vivre, à découvrir, à connaître et à maîtriser le monde extérieur.

L'enfant ne fait pas la différence entre l'apparence et la réalité, son réalisme intellectuel est tel qu'il le pense et non tel qu'il le voit ; son réalisme perceptif fait qu'il est incapable de distinguer ce qui est accidentel du réel. Par le biais du jeu théâtral, l'enfant prendra conscience de cette différence : apparence/réalité. Au « moment » théâtral, l'apparence sera réalité (pour ce temps donné), cela ira dans le sens de la perception apparence/réalité de l'enfant : au moment précis où je joue le rôle de Cendrillon, je suis Cendrillon ; j'ai l'apparence de Cendrillon, mais en réalité je ne suis pas Cendrillon. L'enfant prendra conscience d'un retour à la réalité, donc évoluera psychologiquement : après le moment théâtral, quand il n'est plus Cendrillon ou le prince.

2. L'enfant et le « mal-être » : le théâtre « bien-être »

Bien des enfants obtiennent des résultats scolaires insuffisants ; je ne pense pas que ce soit seulement par manque d'aptitudes. Le système éducatif, qui se préoccupe plus du savoir que de l'enfant, crée un fossé entre le corps et l'esprit, valorise les connaissances et oublie les besoins émotionnels, physiologiques, relationnels ou spirituels de l'être. Face à l'échec l'enfant se replie sur lui-même et souffre de « mal-être ». Le jeu théâtral favorise l'explosion de l'individu en permettant aux enfants de se découvrir, de découvrir le monde qui les entoure (et de le faire de façon nouvelle), tout simplement de s'exprimer.

Le corps et l'esprit, ou encore l'enfant et la connaissance, ne seront plus dissociés, mais mis en liaison constante grâce à cette méthode. Ainsi nos « petites têtes blondes » seront-elles des êtres accomplis, « bien dans leur peau ».

Conseils

Conseils aux meneurs

Concentration Elle est la première condition à tout apprentissage ; vous tenterez donc de développer le pouvoir de concentration des enfants afin qu'ils puissent donner le meilleur d'eux-mêmes.

Imagination Selon Daniel Karlin : « C'est l'imagination qui nous donne les moyens de lutter contre les difficultés matérielles. »
À travers tous les exercices qui suivent, je tenterai, et vous tenterez, de développer l'imagination des enfants en les plaçant le plus souvent dans des situations extra-ordinaires.

Confiance Vous essaierez de ne jamais mettre les enfants « en danger » (moral, psychique, physique), mais bien dans un climat de perpétuelle et mutuelle confiance.

Ecoute et réceptivité L'adulte doit être extrêmement vigilant et réceptif quant aux propositions qui lui seront faites par les enfants. Si une séance de travail se prépare, elle n'a rien de figé. Etre à l'écoute des enfants doit être le principe de base de telles activités de création et de recherche.

Compétition Bannir ce terme pour soi et pour les enfants, dans toutes les séances et quel que soit le travail théâtral.

Joie Tous les exercices seront faits dans la joie, dans la recherche d'un bien-être et de sensations agréables pour rendre positif ce que les enfants vivent quotidiennement.

V*êtements*   Demandez aux enfants de porter des vêtements particuliers (collant, tee-shirt) et de ne pas mettre de chaussures
pour être tout à fait libres de leurs mouvements.

S*pectateurs*   Certains exercices seront exécutés par un seul enfant ;
il est indispensable que le reste du groupe se place face à lui, en
position de spectateurs, et l'aide en se concentrant. Être spectateur s'apprend, donnez-leur l'occasion de devenir plus tard des
spectateurs critiques et avertis.

M*éthodologie*   Les exercices, séances types ou thèmes de travail, ne
sont pas exhaustifs mais sont plutôt des indications, des orienta-
tions d'où vous devez « sortir » en vous les appropriant. La forme
et les supports que vous adaptez aux motivations quotidiennes
des enfants doivent être vôtres ; l'important étant de partir du
vécu de l'enfant et de son intérêt immédiat, dont le moteur est
souvent son affectif, c'est-à-dire sa vie. Néanmoins, quel que soit
le thème de travail choisi, cette démarche repose toujours sur un
travail de contact, où la concentration, la rigueur, mais aussi la
joie et la bonne humeur sont au rendez-vous.

P*rogression*   Les exercices seront « dosés » attentivement : vous
commencerez par les plus faciles pour aller vers ceux qui
demandent un entraînement plus important. Vous aurez soin
de les connaître parfaitement pour avoir l'assurance nécessaire
lors de l'explication que vous donnerez aux enfants.

N*ombre de participants*   Il me paraît indispensable, pour mener un
tel travail, que le nombre des enfants soit au maximum de
quinze.

Repérage

En tête de chaque jeu, une série d'indications
résume les caractéristiques de l'exercice.

Conduite de l'exercice

Groupe	Exercice exécuté par tout le groupe.
Seul / Groupe	Exercice exécuté seul face au groupe.
Couple	Exercice exécuté par couple.
Couple / Groupe	Exercice exécuté par un couple face au groupe.
Demi-Groupes	Exercice exécuté par le groupe divisé en deux.

Domaine abordé

Certains exercices sont placés dans un chapitre mais correspondent également à plusieurs autres chapitres.

Nous le signalons par :

Corps	*Rythme*	*Contact*
Espace	*Écoute*	*Improvisation*

et, pour les exercices qui demandent une préparation :

Recentration	*Respiration*	*Relaxation*
Concentration	*Visualisation*	

Progression

Déroulement d'une séance type

Remarques préliminaires

- Une séance doit durer de 45 à 60 minutes selon le groupe, l'ambiance, l'humeur, etc.
- Pour un temps de travail pris sur le temps d'une journée scolaire, il est préférable de placer cette séance en cours de matinée ou d'après-midi, en évitant de la placer en toute fin d'après-midi.
- Ce temps de travail doit être le moment fort de la journée.
- Vous pouvez prévoir deux séances par semaine, si cela est possible dans votre emploi du temps et si vous souhaitez que votre projet soit axé sur ce travail théâtral.
- Pour chaque séance, il est indispensable de marquer un « temps d'entrée » dans le travail et un « temps de sortie » du travail.

Enchaînement des exercices

1. Entrée dans le travail
C'est le temps de recentration collective.
Voir en annexe 1 l'exercice « Concentration collective » (page 134) et l'exercice « Donnons-nous la main » (page 80).

2. Travail physique
« Le dernier sera le premier » (page 33), « La danse du crabe et de la girafe » (page 34), « Les sauterelles » (page 53).

3. Respiration et rythme (la voix)
Voir en annexe 1 : « La fleur » (page 135) et « Jeux de langue » (page 61).

4. Dynamisation et rythme (l'écoute)
« Hop ! » (page 29) et « Promenons-nous dans les bois »
(page 51).

5. Travail sur l'espace
« L'attrape-soulier » (page 42).

6. Travail de contact ou d'improvisation
« Exploration » (page 79) et « Arrêt sur image » (page 91).

7. Sortie du travail
« Lourd et chaud » (page 140) et « Le caillou » (page 31).

Cette séance est un modèle de séance de début d'année ou
de séance dite « générale » ; mais vous pouvez et même
devez faire évoluer les séances de travail en fonction des
besoins et des envies de votre groupe. Il apparaît donc
nécessaire qu'à certains moments celles-ci soient plus axées
sur :
- un travail de groupe et de contact,
- un travail individuel,
- un travail d'improvisation.

Il est bien entendu que, quelle que soit la spécificité de toute
séance, celle-ci commencera et finira comme indiqué dans la
séance type.

Plan de travail
sur une année scolaire, pour un spectacle de fin d'année

Vous désirez créer un spectacle en fin d'année avec le groupe d'enfants qui suit votre atelier, voici une progression établie sur un thème précis (bien entendu il n'est pas unique) mais, quel que soit le thème travaillé, il y a des étapes à ne pas brûler : le travail du premier trimestre est primordial.

Premier trimestre (environ onze séances)

- Constitution du groupe.

- Travail de sensibilisation au jeu théâtral à partir du travail sur :
– le corps et la dynamisation,
– l'espace,
– l'écoute et le rythme,
– le contact.
Ces séances seront des séances dites « générales » (voir le « Déroulement d'une séance type », page 15).

Deuxième et troisième trimestres

- **Janvier**
– Poursuivre le travail du premier trimestre en travaillant plus intensément les improvisations.
– Présentation du thème.

- **Février**
– Poursuivre le travail sur le corps et le contact.
– Travail d'improvisation axé sur le thème du spectacle.

- **Mars, avril, mai**
Durant ces trois mois, les séances seront consacrées au travail de mise en place du spectacle.

Voici une progression détaillée pour ces trois mois.

THÈME TRAVAILLÉ :
« Les monstres dans les rêves »

Découpage du spectacle :
1. La journée d'un enfant et les personnes qu'il rencontre.
2. L'enfant s'endort.
3. Transformation en monstres des personnes rencontrées dans la journée.

Première séance
Présentation et discussion autour du spectacle. L'adulte enregistrera ce que disent les enfants.

Deuxième séance
– Travail sur le thème des machines infernales. Chaque enfant, avec un son et un geste, devient un élément d'une machine monstrueuse.
– Improvisation. « Sur la plage » : une chose monstrueuse est aperçue par une personne, cette chose se rapproche, c'est un monstre. Réactions de chacun face au monstre.

Troisième séance
Atelier « brain-storming ».
Les enfants décrivent tout ce qui leur fait peur dans le quotidien (ex. : la bouchère qui a une verrue sur la joue, le dentiste, etc.) ; bien expliquer aux enfants qu'il n'y a aucune censure. L'adulte enregistre ou note tout ce qui est dit.

Quatrième séance
L'adulte prendra les monstres les plus intéressants qui ressortent de l'enregistrement. Improvisation en fonction des monstres retenus.
Recherche collective et travail de certains personnages déjà retenus.

Cinquième séance
Transposition du quotidien dans les rêves : discussion et recherche.
L'exemple, pris dans le quotidien, de la bouchère et de sa grosse verrue devient, dans le rêve, l'enfant qui se couvre de verrues.
Déterminer entre six et dix transformations.

Sixième séance

Improvisation sur la structure du spectacle :
– la journée de l'enfant,
– l'enfant s'endort,
– les monstres dans les rêves.

Septième séance

Improvisations sur des histoires qui ont réellement fait peur aux enfants.

Huitième séance

Répartition des rôles et mise en place des différentes scènes qui constitueront le spectacle.

Neuvième séance et suivantes

Répétition des différentes scènes, filage du spectacle (un filage étant une répétition dans laquelle les scènes se suivent dans l'ordre du spectacle).

• Juin

Consacrer les dernières séances aux filages. Il est très important que les enfants connaissent parfaitement le déroulement entier du spectacle (même s'ils ne jouent pas dans toutes les scènes). Bien entendu, au cours de ce mois de juin, vous devez penser aux costumes et aux accessoires, mais ne voyez pas trop grand sur ce sujet, ce spectacle est le résultat d'un atelier de théâtre, et c'est l'enfant qui en est le cœur et l'essence.

Lorsque j'ai créé, en collaboration avec Alain Héril, ce spectacle joué par des enfants de la banlieue parisienne, voici les différentes scènes qui l'ont constitué :

1. Dans le quotidien

Le rôle de l'enfant est joué par différents acteurs selon les scènes.
– Un enfant va chez un dentiste ayant de grandes dents.
– Un enfant achète du poisson ; la poissonnière a de longs cheveux.
– Un enfant se fait faire une piqûre par une infirmière.
– Un enfant va chez le marchand de chaussures.
– Un enfant aperçoit une souris.

– Un enfant voit la bouchère avec une grosse verrue sur la joue.

– Un enfant regarde la télévision, il y a de gros nuages, les rideaux du salon bougent.

2. L'enfant s'endort
Tous les acteurs s'allongent sur le plateau et se recouvrent d'un drap.

3. Dans les rêves
– Le dentiste se transforme en Dracula.

– La poissonnière se transforme en une énorme pieuvre faite par plusieurs enfants et travaillée comme une « machine infernale » (voir l'exercice « Les machines infernales », page 94).

– L'infirmière se transforme en une énorme seringue qui aspire les enfants (seringue : machine infernale).

– Le marchand de chaussures se transforme en quatorze marchands qui ligotent l'enfant avec d'immenses lacets.

– La souris se transforme en une souris géante qui mort les enfants (travaillée comme une machine infernale).

– L'enfant rêve qu'il se transforme en bouchère avec des centaines de verrues sur la figure (des morceaux de gomme noire collées sur le visage de l'enfant par des acteurs).

– Les rideaux se transforment en fantômes (quatorze fantômes imitant le bruit du vent).

Quelques notes sur les costumes, accessoires et décors :
Les enfants jouent tous en pyjama ou en chemise de nuit, un accessoire spécifique complète leur costume (une croix rouge pour l'infirmière, etc.).

Certaines machines monstrueuses sont jouées avec des lampes électriques.

Des draps et des tissus constituent l'essentiel du décor.

Et le texte ? direz-vous. Il était présent, trouvé par les enfants pendant le travail d'improvisation. Dans les scènes du quotidien, quelques répliques seulement présentaient l'action et les personnages ; dans les scènes du rêve, il n'y avait pas de dialogues mais des sons, des bruits ou des onomatopées.

Mini-stage de deux jours

Conseils préliminaires

• Pourquoi deux jours non-stop ? Difficile, penserez-vous, avec de jeunes enfants ; mais si vous êtes motivés pour développer un thème, les enfants acquièrent au fil des heures une réflexion, des modes de pensée et d'action différents et vous serez surpris de ce qu'ils produiront.

Vous et eux penserez « théâtre » pendant 48 heures. Vous serez mobilisés par ce projet, de là naîtront concentration, joie d'être et de créer ensemble.

• Prévoir 2 h à 2 h 30 de travail par demi-journée, en ayant soin de bien respecter les temps de pause.

• Tous les thèmes de travail, les « déclencheurs », proposés au chapitre « Thèmes de travail » peuvent être développés sur deux jours.

• Je vous donne ici un exemple travaillé avec des enfants de 5 ans (ils étaient vingt), en présence de l'institutrice de la classe. J'ai proposé comme support à ces deux jours le roman *Aïssata*, de Thierry Lenain (éditions Syros, collection Souris rose), la classe travaillant cette année-là sur le thème « Vivre ensemble, l'amitié ».

• Si les enfants qui suivent ce stage travaillent déjà avec vous en atelier-théâtre, il est préférable de conduire ces deux journées dans un lieu différent de celui dans lequel vous travaillez habituellement (structures locales, M.J.C., salle polyvalente, etc.).

Première demi-journée

Matinée de sensibilisation axée sur la découverte du nouvel espace, de prises de contact, de connaissance du groupe... selon la direction déjà donnée dans le déroulement d'une séance type. Prévoir un temps de pause de quinze minutes.

Deuxième demi-journée

1. Relaxation (exercice « La poupée de chiffon », page 139).

2. Lecture par l'adulte du roman *Aïssata* :
C'est l'histoire de Hugo qui, à la suite d'un accident de la circulation, devient aveugle. Envoyé dans un centre où il

apprend le braille, il va ensuite à mi-temps dans une école pour enfants non handicapés ; il y rencontre Aïssata, enfant de couleur noire originaire du Cameroun. Hugo et Aïssata vont s'aimer, malgré handicap et couleur de peau, mais, bientôt séparés, ils s'écriront...

Cette lecture sera faite sans commentaires particuliers, vous pouvez néanmoins recueillir à chaud certaines réactions d'enfants.

3. Pause de vingt minutes.

4. « L'attrape-soulier » (page 42). Hugo veut donner la chaussure à Aïssata.

5. « Les yeux dans les yeux » (page 73). Se regarder comme Aïssata regarderait Hugo.

6. « La galerie des glaces » (page 68).

7. « L'aveugle » (page 74). Un enfant est Hugo, un autre Aïssata.

8. « Promenade de l'aveugle » (page 75). Même jeu qu'en 7.

9. « Les statues de pierre » (page 90).

10. « Arrêt sur image » (page 91).

L'état est donné dans ces deux dernières parties en fonction du thème :
– statue triste comme Hugo,
– statue douce comme le docteur,
– statue d'Hugo malade,
– statue d'Hugo qui « sent » Aïssata,
– etc.

Troisième demi-journée

1. Ronde de concentration : « Donnons-nous la main » (page 80).

2. Discussion autour du livre, ce qu'ils en ont retenu, les visions entrevues, les émotions éprouvées :
– les deux personnages et leurs différences,
– l'amitié,
– peut-on vivre ensemble malgré la différence ?

3. « Caresses » (page 72).

4. « Le mille-pattes » (page 82).

5. « La boule de pâte » (page 66).

6. Avant la pause, j'ai demandé aux enfants de choisir « dans leur tête » un camarade qu'ils aimeraient protéger et un qui leur ferait peur, puis de marcher comme s'ils voulaient protéger leur camarade, ou fuir celui qui leur fait peur.

7. Pause de vingt ou vingt-cinq minutes.

8. « Les ballons de couleur » du livre *60 exercices d'entraînement au théâtre*, paru chez Retz, ou « Allô Mamie » (page 30).

9. Improvisation. Thème : venir en aide à l'autre.
Les enfants sont assis au bord de l'aire de jeu ; on leur explique la consigne : « L'un d'entre vous va venir sur le plateau et se mettre dans une situation délicate, les autres vont à tour de rôle essayer de l'aider à se sortir de cette situation. »
Lors de ce stage voici ce que les enfants ont proposé :
– Sur le plateau il y avait une chaise, l'enfant voulait monter dessus mais n'y parvenait pas.
– Un enfant ouvrait la bouche mais aucun son n'en sortait.
– Un enfant n'arrivait pas à enfiler sa chaussure, elle sautait en l'air dès qu'il l'approchait du pied.
– Etc.
Je demandais aux enfants, dans leurs propositions d'aide, qu'elles soient à chaque fois différentes de la précédente.

Quatrième demi-journée

1. Ronde digestive. Debout en cercle, travail individuel : les enfants se frottent les mains l'une contre l'autre, et vont poser la main droite au niveau de l'estomac et la main gauche sur le ventre ; dès qu'ils ne sentent plus la chaleur des mains, ils renouvellent le frottement.

2. Concentration : écoute musicale.

3. « Tout de suite, en musique » (page 105) en racontant l'histoire de Hugo et Aïssata.

4. L'histoire de Hugo et d'Aïssata est dansée avec les mains. Tout d'abord j'ai demandé aux enfants trois phrases qui les avaient marqués ; ils se sont mis d'accord sur les couleurs vues par Hugo et Aïssata :

– Jaune comme le soleil qui réchauffe.

– Bleu comme l'océan qui est devant.

– Vert comme le parfum de l'herbe mouillée.

Puis, ensemble, nous avons mémorisé ces phrases.

Ensuite, j'ai demandé d'inventer, toujours collectivement, une chorégraphie, avec seulement les mains et les bras, qui raconterait ces trois phrases.

Pour la première phrase, voici ce que les enfants ont trouvé :

« Jaune », ils se caressaient le visage.

« Comme », ils avançaient les mains devant eux, paumes vers le haut.

« Le soleil », un grand cercle fut tracé avec les mains qui partaient du front pour aller se rejoindre au milieu du ventre.

« Qui réchauffe », ils croisaient les bras sur leur poitrine, mains sur les épaules.

Ensuite, cette chorégraphie a été dansée par tous puis individuellement (soit un enfant disait le texte en « dansant », soit un enfant dansait tandis qu'un autre racontait).

5. Pause de vingt ou de vingt-cinq minutes.

6. « Mes bruits » (page 133).

7. Improvisation :

Les enfants avaient le choix entre travailler seuls, ou à deux, à trois ou à quatre. Chaque groupe a tiré au hasard un carton sur lequel était écrit un moment de l'histoire.

J'ai lu à voix haute le thème de l'improvisation.

Puis, le groupe d'enfants, sans concertation, jouait la scène devant les autres devenus spectateurs.

Voici les scènes proposées sur les cartons :

- À la cantine.

- Hugo malade part à l'école.

- Aïssata et Hugo se promènent dans la rue.

- L'accident de Hugo.

- Hugo apprend qu'il ne verra plus jamais.

- Aïssata repart au Cameroun.

8. Ronde de fin de stage : trois respirations communes, puis quelques secondes de grand silence en restant ainsi main dans la main.

Exercices

Le corps
et la dynamisation

$\mathcal{L}$e corps est le moyen d'expression le plus puissant qui existe ; le mouvement et le geste sont le langage le plus révélateur, et la véritable personnalité de l'individu se fait connaître quand il bouge.

Dans quel but ?
Il convient donc d'en faire prendre conscience aux enfants afin :
– que leur corps devienne un instrument à la fois docile et fort par lequel leur créativité peut et doit passer ;
– de leur faire accepter leur corps tel qu'il est, de l'éduquer, de le discipliner en vue d'une maîtrise d'exécution et d'en acquérir la rapidité, la souplesse, la précision nécessaires ;

– de faire accepter que la communication passe, non seulement par le langage, mais aussi par le corps qui est à notre sens un merveilleux émetteur d'émotions.

Quand ?

Ces exercices se situeront, soit en début de séance pour bien marquer la différence entre « ce que l'on a fait avant » et « ce que l'on va faire après le théâtre », soit après certains exercices qui ont nécessité une concentration particulière du groupe. Ils interviennent alors comme une récréation.

Dynamiser un groupe c'est aussi dynamiser un espace en l'emplissant de jeux, de rires, de concentration, de rapidité, de ralentissement.

Enfin, ces exercices favorisent une harmonisation du groupe qui trouvera ainsi une grande souplesse pour épanouir sa créativité.

Mon nom

Objectifs Écoute et connaissance de l'autre.
Concentration de l'ensemble du groupe.

Déroulement Les enfants sont en cercle. Il est important que l'adulte se trouve parmi eux. Il déclenche le jeu : la main sur la poitrine, il prononce son prénom et le « passe » en tendant le bras dans un geste d'offrande en direction d'un enfant.
L'enfant qui vient de recevoir le prénom pose à son tour sa main sur sa poitrine, dit son prénom et le lance à un autre enfant. Ainsi de suite jusqu'à ce que tous les enfants se soient présentés.

Conseils ▷ *Ce jeu ne doit pas suivre l'ordre du cercle, mais il est très important que chaque enfant ait pu dire son prénom à la fin.*
▷ *Il se situe lors des toutes premières séances pour que, très rapidement, tous se connaissent, ou bien lors de l'arrivée d'un nouvel enfant.*

$\mathcal{H}$op !

Objectifs   Échauffement physique.
Expulsion des tensions.

Déroulement   Les enfants courent légèrement sur toute l'aire de jeu. Au signal de l'adulte : « Courez ! », ils se mettent à accélérer sur place comme pour un sprint ; les bras et les jambes étant très en mouvement.
Au second signal : « Hop ! », les enfants sautent un talus imaginaire en criant « Hop ! ».

Conseils   ▷ *Ce jeu est très apprécié des enfants ; vous pouvez donc, si vous le jugez nécessaire, le faire faire deux fois pendant la séance.*
▷ *Il n'est pas utile de le prolonger, trois ou quatre haies à chaque fois sont largement suffisantes.*

Allô ! Mamie ?

Objectifs Échauffement physique.
Concentration du groupe.
Travail de la mémoire immédiate
(physique et mentale).
Coordination physique et verbale.

Déroulement Les enfants marchent sur l'aire de jeu.
Quand l'adulte dira « Un ! », les enfants devront mimer l'action
de téléphoner en portant leur main à l'oreille, ceci en étant
immobiles et en disant « Allô ! Mamie ? » d'une voix claire.
« Deux ! » correspondra à l'action « Bonjour madame » dite en
tendant la main.
À « Trois ! », l'action « Aïe, aïe, aïe » en se tenant la tête.
Quand le rapport entre les chiffres et les actions est bien
mémorisé, l'adulte proposera des combinaisons telles que :
1, 1, 3. 3, 1, 2. 2, 2, 3, 1, etc.

Conseils ▷ *Vous pouvez, bien entendu, aller au-delà de trois*
actions si le groupe le permet.
▷ *Le rapport entre les chiffres et les actions est nos*
exemples, évidemment vous pouvez les modifier.
▷ *Les enfants s'amusent beaucoup avec ce jeu qui*
leur demande une grande attention.

Le caillou

Objectifs   Concentration commune.
Coordination.
Apprentissage du geste collectif.
Expulsion des tensions.

Déroulement   Les enfants sont en cercle, l'adulte se tient parmi eux. Chacun étant très concentré, le bras droit tendu, paume vers le ciel, lentement on se baisse en pliant les genoux pour aller ramasser au sol, près de ses pieds, un caillou imaginaire ; on évalue le poids du caillou en faisant le geste de le soupeser, puis, sur une inspiration (air entrant par le nez), on balance lentement le bras vers l'arrière, la main refermée sur le caillou. Enfin, on se redresse, on lance le caillou vers le ciel en ramenant le bras vers l'avant, comme si on voulait « trouer le plafond », ceci sur une expulsion de l'air par la bouche qui sera accompagnée de l'exclamation « Ah ! ».

Conseils

▷ *Il est important que l'adulte maîtrise bien les diffé-rentes étapes du jeu avant que les enfants ne l'exé-cutent eux-mêmes.*

▷ *Cet exercice doit se faire dans un même mouve-ment collectif et une même respiration.*

▷ *On peut l'exécuter en fin de séance pour expulser fatigue et tension qui se seraient accumulées au cours du travail.*

Le dernier sera le premier

Objectifs Prise de conscience de certaines possibilités du corps.
Entraînement à combattre l'impatience.

Déroulement Les enfants sont en ligne et vont devoir traverser l'aire de jeu en marchant au ralenti. Celui qui gagne est celui qui arrive le dernier.
Pour ce faire, les enfants doivent exécuter les mouvements le plus lentement possible ; les décomposer au préalable avec eux :
– écartement assez grand des jambes,
– le pied pour se poser devant l'autre jambe doit s'élever plus haut que le genou,
– tout le corps doit être étiré vers le haut,
– les deux pieds ne se posent jamais en même temps sur le sol.
Au signal de l'adulte, le départ de la course est donné.

Conseils ▷ *Ce jeu est très bon pour les enfants toujours impatients de gagner et qui, ce faisant, oublient la règle de départ ; ici, décomposer au maximum ses mouvements.*

La danse du crabe et de la girafe

Objectifs Prise de conscience de certaines possibilités du corps.
Le corps au service de l'imagination.

Déroulement Les enfants sont en cercle sur l'aire de jeu et vont exécuter la danse du crabe et de la girafe.
– Quatre pas du crabe : jambes pliées, un pas vers la droite en faisant pivoter le buste vers la gauche, un pas vers la gauche en faisant pivoter le buste vers la droite (le buste sera donc orienté dans le sens contraire de la marche).
– Quatre pas de girafe : sur la pointe des pieds, bras levés, tout le corps est tendu vers le haut.
Et ainsi de suite en alternance.

Conseils ▷ *Bien veiller à ce que les enfants recroquevillent leur corps pour le crabe et l'étirent au maximum pour la girafe, ainsi des muscles différents travailleront alternativement.*
▷ *Ce travail peut se faire sur un fond musical rythmé (voir la musicographie).*

Pièces de machine

Objectifs Coordination motrice.
Accepter une proposition rythmique exté-
rieure.
Coordination du geste et de la voix.

Déroulement Les enfants sont en cercle sur l'aire de jeu ; chacun va
venir au centre, et à tour de rôle, proposer un geste rythmique
et répétitif accompagné d'un son (bruit ou mot) répétitif lui
aussi.

Conseils ▷ *L'adulte peut, de l'extérieur, faire accélérer ou
ralentir le rythme et élever ou baisser le son
selon un code déterminé au départ (bras qui se
lèvent ou s'abaissent, par exemple). L'enfant
devra alors, une fois son rythme trouvé, suivre
l'orchestration de l'adulte.*
▷ *Quand les enfants seront prêts pour cela, on peut
leur demander de faire eux-mêmes l'orchestration.*
*Leur demander de faire des propositions sortant
de l'ordinaire et pouvant étonner ceux qui regardent.*
▷ *Ce jeu prépare à l'exercice « Les machines infernales » (page 94) dans le chapitre « Jeu dramatique ».*

Le balancier

Objectifs   Maîtrise de l'équilibre.
Confiance en l'autre.

Déroulement   Les enfants sont répartis deux par deux sur l'aire de jeu. Dos à dos, ils s'accrochent par les bras. L'un des deux se penche en avant, l'autre se trouvant entraîné sur le dos de son partenaire et soulevé du sol. Lorsqu'il repose les pieds à terre et se penche en avant, le premier enfant bascule à son tour sur le dos dans un mouvement de balancier qui les fait tour à tour porté et porteur.

Conseils   ▷ *Veiller à ce que les enfants choisissent un partenaire d'un poids sensiblement égal au leur.*
▷ *Veiller aussi à ce que le travail se fasse sans aucune tension musculaire mais bien en décontraction.*
▷ *Un petit échauffement physique de quelques minutes est souhaitable avant de commencer ce travail.*

Le marchand du temps

Objectifs Développer les réflexes.
Développer la rapidité.

Déroulement Les enfants sont assis en cercle, assez loin les uns des autres, sauf un qui se tient à l'écart du cercle et sera monsieur Calendrier.

Chaque enfant choisit d'être un jour de la semaine ou un mois de l'année avec l'aide du marchand du temps.

Monsieur Calendrier vient alors acheter des jours ou des mois qu'il demande au marchand du temps. Celui-ci répond oui ou non. Si ce qu'il veut existe, le jour ou le mois demandé se lève et fait en courant le tour du cercle, poursuivi par monsieur Calendrier. Si ce dernier l'attrape, le jour ou le mois devient à son tour monsieur Calendrier.

Prolongement Quand les enfants seront bien entraînés et qu'ils se seront familiarisés avec la technique d'improvisation, on peut leur demander d'interpréter physiquement les différents personnages de ce jeu. Bien entendu toute liberté leur sera laissée quant à leur vision et à l'interprétation de ces personnages.

Gendarmes et voleurs

Objectifs Développer le sens de l'observation.
Développer l'écoute.
Travail corporel : « se faire voir » ou « ne pas être vu ».
Recherche et mise en place de stratégies individuelles.

Déroulement Tous les enfants sont sur l'aire de jeu. L'adulte accroche à chacun un foulard à la ceinture et lui remet un papier. Certains des enfants recevront des papiers avec :

d'autres avec :

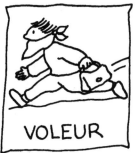

d'autres encore avec :

Il y aura des gendarmes, des voleurs, des promeneurs, chaque enfant ignorant la situation des autres.

Les voleurs vont vouloir s'emparer des foulards sans se faire repérer des gendarmes, ceux-ci voulant arrêter les voleurs ; quant aux promeneurs, ils veulent simplement protéger leur bien, en l'occurrence le foulard.

Il est à noter que voleurs et gendarmes peuvent aussi se faire voler puisque tous ont un foulard.

Conseils   ▷ *Vous pouvez laisser le jeu se prolonger au moins dix minutes. De multiples situations pouvant se créer puisque tout le monde soupçonne tout le monde.*

▷ *Veillez à ce qu'il se passe dans le calme et la concentration, les enfants n'en seront que plus heureux et plus vigilants.*

L'espace

La première approche du monde n'est-elle pas la maîtrise de l'espace suivie, plus tard, par la maîtrise du temps ?

L'enfant commence par se repérer dans le lieu, puis l'apprivoise et enfin le fait sien.

Dans quel but ?

Au théâtre, les enfants sont amenés à vivre des situations extraordinaires dans des lieux ou des espaces « hors de leur quotidien » ; il convient donc de matérialiser cet espace où il va se passer « autre chose » par des tissus, par exemple, de manière à délimiter l'endroit, l'aire de jeux, où l'acte théâtral va avoir lieu.

Il est important aussi de toujours travailler dans le même lieu avec les mêmes repères spatiaux : ce n'est que plus tard, quand il sera acquis, que l'on peut le dépasser et réinvestir les acquis dans un autre lieu (pour une représentation publique par exemple).

Ce lieu, appelé ici aire de jeu, est le premier espace à travailler pour l'enfant, le second étant l'espace entre moi et l'autre, qui permet de comprendre que la gestion d'une émotion ne peut être la même entre deux personnes selon qu'elles sont proches ou éloignées.

Les exercices porteront donc sur deux axes : travail sur l'espace du lieu et travail sur l'espace corporel (savoir se rapprocher, être un groupe, une entité, et savoir s'éloigner tout en occupant ensemble la totalité de l'espace).

Les enfants découvriront aussi que le premier espace à dominer est leur propre corps. La maîtrise de cet espace extérieur ne peut que les amener à prendre conscience de leur espace intérieur.

Quand ?

Les exercices se situeront en début ou en fin de séance.

L'attrape-soulier

Objectifs Mémorisation physique d'un espace donné.
Apprendre à évoluer naturellement dans un espace non quotidien.
Développer l'assurance et la confiance en soi.

Matériel Une chaussure.

Déroulement Une chaussure est posée au milieu de l'aire de jeu. Les enfants sont tous regroupés dans un coin et vont devoir, à tour de rôle, traverser en diagonale cette aire les yeux fermés, avec le moins d'hésitation possible, prendre la chaussure sans tâtonner, et la remettre dans la main de l'adulte qui se trouve à l'autre extrémité de la diagonale. Pour y parvenir les enfants doivent, avant de fermer les yeux, prendre un temps pour mémoriser l'espace et s'en imprégner.

Conseils ▷ *L'adulte doit être vigilant et se tenir prêt à secourir l'enfant.*
▷ *Les enfants éprouvent beaucoup de plaisir à ce jeu ; pour certains, il est nécessaire de masquer les yeux avec un foulard, mais il faut d'abord essayer sans, afin qu'ils fassent l'apprentissage d'une certaine maîtrise d'eux-mêmes.*
▷ *Trop de précipitation à l'exécution de ce travail empêche l'enfant de prendre le temps nécessaire à l'imprégnation de l'espace ; bien veiller à ce que ce temps de mémorisation soit respecté.*

Le tabouret

Objectifs Mémorisation physique d'un espace donné.
Apprendre à évoluer naturellement dans un espace donné non quotidien.
Développer l'assurance et la confiance en soi.

Matériel Un tabouret.

Déroulement Un tabouret est placé au centre de l'aire de jeu, à trois ou quatre mètres des enfants, qui vont devoir l'atteindre à tour de rôle, les yeux fermés et sans aucune hésitation, en faire le tour par la gauche, pour finalement s'y asseoir. Comme pour l'exercice précédent, les enfants prendront un temps de mémorisation et d'imprégnation de l'espace avant de fermer les yeux.

Conseils ▷ *Les enfants, tout à la joie du jeu, ne prennent généralement pas assez de temps pour intérioriser l'espace. Il faut donc bien insister sur ce moment capital pour réussir à aller jusqu'au tabouret.*
▷ *L'adulte, évidemment, se tiendra à côté du tabouret, prêt à retenir l'enfant qui s'assierait à côté.*

Les arbres et le bûcheron

Objectifs   Occuper un espace.
S'approprier un nouvel espace.
Accepter la décision d'un autre.

Déroulement   Un enfant du groupe est le bûcheron, les autres sont les arbres. Ceux-ci se promènent sur l'aire de jeu et, au signal du bûcheron (frapper dans les mains, par exemple), vont se « planter » dans le sol (arrêt et immobilité), bien répartis sur l'aire de jeu. Il ne doit pas y avoir de « clairières », pas de trous.
Si le bûcheron pense que les arbres sont mal plantés (trop serrés les uns contre les autres, tous regroupés au même endroit...), il les déracine et va lui-même les replanter là où il y a de la place libre, des trous.
Puis, quand il pense que les arbres de sa forêt sont régulièrement répartis, il donne un nouveau signal, les enfants se remettent en marche.
À tour de rôle, les enfants seront arbres et bûcheron.

Conseils   ▷ *Ce jeu peut se pratiquer en début d'année afin que les enfants s'approprient le lieu dans lequel ils vont travailler ou sur tout nouvel espace afin de le dynamiser.*

Sœur Anne, ma sœur Anne...

Objectifs S'approprier un nouvel espace.
Développer les réflexes visuels.
Mémoriser une vision brève.

Déroulement Les enfants marchent sur l'aire de jeu selon un rythme normal. Quand l'adulte frappe dans ses mains ou prononce la phrase « Sœur Anne, ma sœur Anne, que vois-tu ? », tous doivent s'arrêter et énoncer à voix basse, mais clairement, ce qui se trouve juste devant leurs yeux (personne, meuble...), puis se remettre en mouvement.
L'adulte les fait ainsi s'arrêter cinq ou six fois en verbalisant chaque fois ce que le regard a enregistré.

Conseils ▷ *Cet exercice doit être fait dès les premières séances et, si le groupe est amené à changer de lieu pour telle ou telle raison, il sera exécuté à chaque changement pour bien prendre possession du nouvel espace de travail.*
▷ *Si vous le jugez nécessaire, vous pouvez au préalable raconter aux enfants l'histoire de Barbe-Bleue !*

Le ballon dirigeable

Objectifs   Appropriation d'un espace en groupe.
Concentration du groupe.
Travail de contact sensible.
L'individualité au service du collectif.

Déroulement   Le groupe d'enfants est réuni dans un coin de l'aire de jeu, chacun est serré contre l'autre, bien en contact (mais il n'est pas obligatoire de se donner la main). L'adulte ayant désigné un point à un autre coin de la salle, le groupe va se diriger vers lui, les yeux fixés sur ce point imaginaire.
Les enfants doivent faire comme s'ils étaient dans un même ballon ; le groupe doit donc trouver un seul et même rythme et travailler sur une respiration commune.

Prolongement   Un enfant peut être situé face au groupe et jouer ainsi le pôle d'attraction vers lequel le ballon va se diriger ; à tour de rôle, les enfants pourront ainsi avoir un regard critique et mieux comprendre leur investissement quand ils seront dans le ballon.

Conseils   ▷ *Ce travail, qui demande une grande concentration, peut être préparé en faisant faire préalablement l'exercice « Concentration collective » (page 134).*
▷ *Il est souhaitable de l'accompagner d'une musique douce (voir la musicographie).*
▷ *Il est préférable que le ballon soit constitué de sept ou huit enfants. Vous devez donc faire plusieurs groupes si le nombre des participants est trop important.*

1, 2, 3, Soleil !

Objectifs Ludisme collectif.
Développement de la notion d'espace/temps.

Déroulement Les enfants sont sur l'aire de jeu. L'un d'entre eux, le meneur, est face au mur, les autres sont derrière lui, à l'autre bout de l'espace, et doivent tenter de prendre sa place. Le meneur dit « 1, 2, 3, Soleil ! » en tapant trois fois sur le mur, puis se retourne et cherche à surprendre celui qui, dans le groupe, a tenté d'avancer vers lui. Tout enfant qui n'est pas parfaitement immobile est renvoyé à sa place. Celui qui arrive le premier au mur prend la place du meneur.

Il s'agit pour l'enfant qui a le rôle du meneur de dire la phrase « 1, 2, 3, Soleil ! » selon le rythme qui lui convient, et, pour les autres, d'évaluer la distance qu'ils peuvent parcourir sur cette simple phrase.

Conseils ▷ *Ce jeu est repris dans le travail de jeu dramatique de l'exercice, « Jeu de clown » (page 106). Ils peuvent se succéder dans une même séance, l'un préparant à l'autre.*

Grand-mère, veux-tu ?

Objectifs Acquisition d'une bonne appréciation des distances.
Se situer dans l'espace.
Travail de contact et de socialisation.

Déroulement Les enfants sont sur l'aire de jeu. L'un d'entre eux, adossé au mur, est la grand-mère, les autres, les enfants, lui font face en ligne à une distance de cinq mètres environ.
L'un des enfants commence ainsi le dialogue :
L'ENFANT. - Grand-mère, veux-tu ?
LA GRAND-MÈRE. - Oui, mon enfant.
L'ENFANT. - Combien de pas ?
LA GRAND-MÈRE. - Deux pas de géant.
Ou bien deux pas de fourmi, ou cinq pas de parapluie... à l'appréciation de la grand-mère qui peut aussi demander de faire des pas en arrière.
L'enfant qui arrive le premier au mur devient la grand-mère.
N.B. : les pas de géant sont très grands ; pour les pas de fourmi, le talon vient toucher à chaque pas la pointe du pied se trouvant derrière ; les pas de parapluie sont des pas normaux mais que l'on effectue en tournant.

Conseils ▷ *Vous pouvez aussi utiliser les pas décrits dans le jeu de « La danse du crabe et de la girafe », page 34).*

Du murmure au cri

Objectifs Faire correspondre un volume sonore à un volume spatial.
Moduler la voix.

Déroulement Ce travail se fait par couple, deux ou trois chaque fois, les autres participants sont spectateurs.
Les enfants de chaque couple sont face à face, espacés d'environ 50 cm. L'un des deux dit un mot (par exemple, « bonjour ») à son partenaire qui va reculer d'un pas, de deux pas jusqu'à une distance de plusieurs mètres, puis se rapprocher, reculer, etc. Le premier enfant doit ajuster sa voix à la distance.
Dans un deuxième temps, inverser les rôles à l'intérieur du couple, le meneur du jeu étant celui qui donne la distance.
Enfin, les enfants spectateurs viennent à leur tour sur l'aire de jeu pour former des couples pour ce va-et-vient du murmure au cri.

Conseils ▷ *Bien veiller à ce que cet exercice se fasse dans le calme, assez lentement ; aider les enfants à trouver la bonne hauteur vocale (c'est pourquoi il est préférable de ne faire travailler que deux ou trois couples à la fois).*

Rythme et écoute

Le rythme est fait d'harmonie et d'équilibre. Il faut donc concevoir un développement de l'enfant qui ne néglige pas la prise de conscience de son rythme et son perfectionnement.

Dans quel but ?

Les exercices qui suivent aideront donc les enfants à trouver ou à retrouver leur propre rythme ainsi que « le » rythme, entendu comme un langage parmi d'autres. Ils ont donc aussi pour but d'accroître le travail de contact et de confiance entre les enfants. En travaillant avec des contraintes de rythme, on force la concentration et l'écoute nécessaires à l'accomplissement et à la réussite d'un exercice travaillé ensemble.

Ces exercices obligent à un investissement physique et mental, donc à une disponibilité réelle qui est la meilleure base pour le travail des jeux dramatiques que nous abordons à la page 88.

Quand ?

Ils se situeront en préparation ou dans le prolongement du travail de contact avec lequel ils sont en lien étroit.

Promenons-nous dans les bois

Objectifs   L'imagination au service du corps.
Le corps comme récepteur
des sensations.
Se laisser guider par des données
extérieures.
L'attention.
L'écoute de soi-même.

Déroulement   Les enfants sont sur l'aire de jeu, bien concentrés, bien détendus, en mouvement de marche neutre. L'adulte va leur faire une promenade qui sera jouée, « vécue » par les enfants. Voici un exemple de promenade :
« Vous marchez sur une pelouse, il fait très beau. Puis il fait de plus en plus chaud. Quelques gouttes de pluie commencent à tomber. Puis il pleut beaucoup, des flaques d'eau se forment sur le sol ; elles grossissent et, maintenant, vous avez de l'eau jusqu'aux chevilles. Vous êtes fatigués. Puis, l'eau cesse de tomber et vous marchez dans la boue. Le soleil réapparaît timidement. Il fait à nouveau très beau et vous marchez sur l'herbe tendre et fraîche. »

Prolongement   Ce jeu peut aussi aller plus loin dans l'expression théâtrale, vous insisterez donc à ce moment-là sur la recherche de l'état que procure chaque stade de la promenade (voir le travail sur les états dans l'exercice « Contraste », p. 99), ce travail devenant une improvisation dirigée.

Conseils   ▷ *À chaque action, laissez le temps aux enfants d'imaginer et d'adapter leur démarche, au besoin aidez-les à trouver la traduction physique.*
▷ *Cette promenade peut durer environ dix minutes.*
▷ *Elle n'est qu'un exemple, vous pouvez « promener » les enfants au gré de votre fantaisie.*

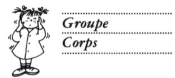
$\mathscr{L}$es sauterelles

Objectifs Développement de la capacité respiratoire.
Sens du rythme.
Détente nerveuse.

Déroulement Les enfants sont sur l'aire de jeu. L'adulte crée un rythme avec un tambourin ou en frappant dans ses mains et demande aux enfants de sauter en suivant ce rythme qui, évidemment, changera au fur et à mesure.
Voici des sauts que vous pouvez faire pratiquer aux enfants.
– Sur place comme une petite balle, en décollant à peine du sol, puis plus haut comme une grosse balle.
– En avant et en arrière sur une ligne tracée au sol.
– D'un côté et de l'autre d'une ligne tracée au sol.
– D'un pied sur l'autre par rapport à une ligne.
– À cloche-pied.

Conseils ▷ *Vous pouvez faire pratiquer très régulièrement cet exercice. L'enfant a un besoin vital de sauter et il faut lui donner l'occasion de satisfaire ce besoin.*

L'écho

Objectifs   Écoute de l'autre.
Exploration de toutes les possibilités de l'appareil phonatoire (durée, intensité, hauteur de sons).
Accepter les propositions de l'autre.
Accepter de reproduire les propositions de l'autre.

Déroulement   Les enfants travaillent par couple, chacun étant éloigné d'environ un mètre de son camarade. L'un des deux sera l'émetteur, pour cela il produira un son bref, long, bas, aigu...
Son partenaire le reproduira le plus exactement possible.
Les enfants seront émetteurs à tour de rôle.

Conseils   ▷ *Inciter les enfants à trouver des sons sortant de l'ordinaire : gutturaux, nasaux...*

M'entends-tu ?

Objectifs Prise de conscience de la nécessité d'une bonne prononciation.
Développement de l'attention.
Dans un second temps : développement de l'imagination.
Accepter les propositions d'autrui.

Déroulement **Premier temps** : Les enfants sont assis en cercle sur l'aire de jeu, assez éloignés les uns des autres. L'un d'entre eux commence : il dit un message à l'oreille de son voisin de droite qui va le transmettre à l'oreille de son autre voisin et ainsi de suite ; enfin le dernier dira à haute voix la phrase qu'il aura comprise.

Second temps : Une fois ce jeu bien intégré, on peut demander au premier enfant de dire un mot, qui sera le début d'une histoire, à l'oreille de son voisin. Le deuxième enfant devra reprendre le mot, lui en ajouter un autre et ainsi de suite jusqu'à ce qu'une histoire voie le jour. Le dernier participant racontera à haute voix l'histoire ainsi construite.

Conseils ▷ *Une extrême rigueur doit être respectée.*
 ▷ *Ce jeu doit être fait dans le silence pour une bonne écoute du message, celui-ci ne devant être dit qu'une seule fois à son voisin.*
 ▷ *Les enfants s'amusent beaucoup en comparant les messages de départ et d'arrivée. On peut analyser avec eux l'origine des erreurs.*

Le téléphone muet

Objectifs Développer l'attention.
Préciser le geste.
Accepter le message d'autrui sans le détourner.

Déroulement Comme le jeu précédent, les enfants sont assis en cercle, pas trop proches les uns des autres. L'un d'entre eux transmet un message codé (par gestes) à son voisin sans que les autres puissent le voir (les gestes devront être d'une extrême précision).
Exemple : croquer dans une pomme, mâcher, s'essuyer la bouche. Le message ne doit pas comporter plus de quatre actions. Le deuxième participant transmet à son tour le message codé à un autre enfant et ainsi de suite jusqu'au dernier enfant qui devra mimer aux autres le message qu'il aura reçu et compris. Il est intéressant de confronter le message de départ et celui d'arrivée !

Prolongement On peut demander aux enfants, sans détourner le message transmis physiquement, d'y apporter une note personnelle quant à l'« état ».
Exemple : croquer la pomme, mâcher, s'essuyer la bouche et être heureux, trouver la pomme acide ou mimer le message en étant distrait...
Cet état ne se lira que sur le visage, aucun mot ne devant être prononcé.

Conseils ▷ *Vous devez être très vigilant sur la rigueur et l'extrême précision des gestes.*

Je t'écoute et je bouge

● ● ● ● ● ● ● ● ● ● ●
Objectifs   Concentration.
Écoute de l'autre.
Connivence avec l'autre.
Développement de l'esprit de synthèse.
Développement de l'imagination.

● ● ● ● ● ● ● ● ● ● ●
Déroulement   Deux enfants sont sur l'aire de jeu. L'un fait face au groupe des spectateurs, l'autre est de dos, concentré et à l'écoute de son partenaire.

Celui qui est de face va émettre pendant environ trente secondes une série de bruits ou de sons pouvant ou non raconter une histoire. Quand il a fini, il précise « J'ai fini ». L'enfant qui est de dos se retourne alors immédiatement et fait les gestes que lui ont inspiré les bruits pendant trente secondes environ.

Il n'est pas obligé de retraduire tous les bruits mais peut n'en avoir retenu qu'un seul, celui qui aura été le plus parlant pour lui. On doit laisser libre cours à l'imagination des enfants, et si le premier dit « Toc-toc », il n'est pas obligatoire que le second fasse le geste de frapper.

● ● ● ● ● ● ● ● ● ● ●
Conseils   ▷ *Ce qui est important c'est « comment les bruits se sont inscrits en lui au moment de l'écoute » et comment l'enfant les traduit aux autres. Il ne faut donc pas demander aux enfants de réfléchir mais au contraire de se laisser envahir par les sons et de les restituer avec beaucoup de spontanéité.*

Petite fabrique de bruits

Objectifs Concentration, attention.
Développement du sens de l'audition.

Matériel Un paravent.

Déroulement Les enfants sont assis sur l'aire de jeu. L'un d'eux va se mettre derrière un paravent où se trouve du matériel (casseroles, bois, fer, sifflet... tout matériel susceptible de produire sons ou bruits). L'enfant lui-même étant un excellent instrument, il peut aussi produire des sons ou des bruits. Bruits et sons émis devront être identifiés par les autres enfants.

Conseils ▷ *Bien insister sur le fait que l'enfant peut se servir de son propre corps pour fabriquer des bruits ou des sons : taper des mains, se taper sur les cuisses, faire des bruits avec la bouche (imitations, par exemple).*

Ici les pas

*O*bjectifs Concentration, attention.
Développement de la perception auditive.
Compréhension de la valeur du silence.
Contrôle et maîtrise de soi.

*D*éroulement Les enfants sont sur l'aire de jeu. L'un d'entre eux a les yeux bandés. Les autres se promènent autour de lui, tentent de s'approcher pour le toucher, le plus silencieusement possible. Dès qu'il entend des pas, l'enfant aux yeux bandés dit : « Ici les pas » en indiquant du doigt la direction.
Celui qui a été désigné se transforme immédiatement en statue.
À tour de rôle les enfants auront les yeux bandés.

*C*onseils ▷ *À vous de bien contrôler le jeu pour que les statues se mettent en place immédiatement et restent statues sans faire aucun bruit.*

La mare aux canards

Objectifs Développement de l'écoute et des réflexes.
Développement de la rapidité d'exécution.
Attention et concentration.

Déroulement Tous les enfants sont sur l'aire de jeu. L'adulte aura tracé un très grand cercle sur le sol pour figurer la mare.
Un groupe d'enfants sera les canards et répondra au signal : un frappement de mains.
L'autre groupe sera les poules d'eau et répondra au signal : deux frappements de mains.
Lorsque l'adulte dit : « Dans l'eau ! », avec deux frappements de mains, le groupe des poules d'eau saute dans la mare.
Il peut aussi dire « Hors de l'eau ! », avec un frappement de mains ; si le groupe des canards est déjà hors de l'eau, il doit y rester (attention à ceux qui se tromperont !).
Plusieurs actions peuvent ainsi se succéder.

Prolongement Quand les enfants auront commencé à travailler l'improvisation et les personnages, leur faire trouver individuellement une interprétation des canards et des poules d'eau avant le début du jeu ; interprétation qu'ils mettront en œuvre pendant son déroulement.

Conseils ▷ *Ce jeu est aussi un jeu de libération tant physique que vocale, libre aux canards et aux poules d'eau d'inventer un cri qu'ils pousseront en sautant dans la mare.*

Jeux de langue

Objectifs Échauffement vocal.
Diction.
Prise de conscience des muscles du
visage.
Attention et concentration pour
la prononciation.

Déroulement Avant de faire répéter aux enfants les phrases citées
ci-dessous, leur faire faire toutes sortes de grimaces, afin de
faire travailler et échauffer les zygomas et les mâchoires.
Exemple : ouvrir la bouche, la refermer en avançant les lèvres,
tirer la langue, mastiquer dans tous les sens, etc. Le visage des
enfants doit être « défiguré », les muscles doivent s'assouplir.
On peut leur proposer de se regarder dans une glace, ce qui les
amusera beaucoup et les forcera à aller jusqu'au bout de leurs
mouvements faciaux.
Une fois ce travail d'échauffement fait, leur demander de répé-
ter plusieurs fois les séries de mots ou de phrases :
- Panier, piano.
- Cric, crac, croc, croque du manioc.
- Pruneau cuit, pruneau cru.
- À qui sont ces serpents qui sifflent sur nos têtes ?
- Pour qui sont ces six saucisses ?
- Le luxe d'Alexis.
- Petit pot de beurre.

Conseils　▷ *Il est extrêmement important de veiller à une parfaite articulation et à la prononciation.*
▷ *Les enfants s'amusent toujours beaucoup à dire ces phrases et le plaisir peut être grand quand les langues fourchent, mais l'intérêt est de dire les phrases et d'enchaîner des mots avec le plus de rigueur possible pour une parfaite audition.*

Chanson rétrécie

Objectifs Travail de la mémoire.
Travail sur le rythme donné par les mots d'une phrase.
Sens du rythme collectif.
Écoute et attention collectives.

Déroulement Les enfants sont assis sur l'aire de jeu.
L'adulte leur propose une chanson ou une comptine connues.
Nous travaillons ici sur *Frère Jacques* mais libre à vous de choisir une autre base de travail.
Les enfants vont chanter ensemble les trois premières phrases en rythme, en ayant soin de détacher les mots :
Frère/Jacques/Frère/Jacques/
Dormez/vous/dormez/vous/
Sonnez/les/matines/

Puis ils vont répéter ces trois phrases en enlevant un mot à chaque fois :

1re répétition : Frère/Jacques/Frère/Jacques/
                  Dormez/vous/dormez/vous/
                  Sonnez/les/

2e répétition : Frère/Jacques/Frère/Jacques/
                  Dormez/vous/dormez/vous/
                  Sonnez/

3e répétition : Frère/Jacques/Frère/Jacques/
                  Dormez/vous/dormez/vous/
et ainsi de suite.

Au début de ce travail, on demande aux enfants de remplacer les mots par un frappement de mains et de dire le mot « dans sa tête ».

Ceci doit être fait collectivement et à l'unisson (on ne doit entendre qu'un seul frappement de mains).

Quand ce travail sera bien intégré, on supprimera les frappements de mains, mais la reprise de la chanson doit être collective.

Conseils   ▷ *Pas d'énervement ni de précipitation pour ce jeu qui demande une grande concentration.*

Le contact

Dans quel but ?

L'enfant, et particulièrement le jeune enfant, est égocentrique, il a une tendance sociale et naturelle à s'enfermer dans ses propres frontières.

Au cours du travail d'expression, il ne parle que de lui et rejette d'instinct le monde qui l'entoure.

Nous devons lui apprendre sans brusquerie à regarder, à toucher, à appréhender celui ou celle qui sera, à un moment donné, un partenaire de jeu faisant partie du monde qui l'entoure. En effet, chez les jeunes enfants, le contact physique se fait sans pudeur, avec naturel (la gêne du toucher viendra plus tard). En revanche, les enfants n'ont peut-être pas, inscrite en eux, la notion de douceur, de plaisir à donner à l'autre. Dans ce chapitre consacré au contact, c'est à cette notion de donner et de recevoir le plaisir, la douceur et la plénitude qu'il convient de s'attacher.

Quand ?

Ces jeux se pratiqueront après la dynamisation. Tout en restant ludiques, ils favorisent une concentration plus grande et servent à donner à la séance son caractère de sérieux lié à l'écoute attentive du message de l'autre.

La boule de pâte

Objectifs Contact physique.
Aspect ludique de la communication avec l'autre.
Développement de la confiance mutuelle.

Déroulement Les enfants se mettent deux par deux. L'un sera la boule de pâte tandis que l'autre sera le sculpteur. Ce dernier va modeler le corps de son partenaire pour en faire une statue (reconnaissable ou non, place à l'imagination des enfants).
Le corps du partenaire devient, tout comme la pâte à modeler, l'outil de la matérialisation de l'imagination.
Les enfants seront à tour de rôle sculpteur et pâte à modeler.

Conseils ▷ *Bien veiller à ce que les sculpteurs ne fassent pas mal à leur partenaire : bien préciser que cette pâte à modeler est unique, précieuse, qu'il faut la manipuler doucement, avec beaucoup d'amour et d'attention.*

Le miroir

Objectifs   Concentration.

Écoute sensible de l'autre.

Développement du sens de l'observation.

Déroulement   Les enfants sont répartis par couple sur l'aire de jeu. Chaque enfant se place à une distance d'un mètre environ de son partenaire.

L'un des deux enfants effectue avec lenteur une série de mouvements que l'autre reproduit comme s'il était son miroir : donc, si le bras droit du premier enfant se lève, c'est le bras gauche du deuxième qui se lèvera.

Ce travail s'effectue sans que les enfants se quittent des yeux.

Les enfants « dirigeront » le miroir à tour de rôle.

Conseils   ▷ *En préparation à ce travail, vous pouvez faire exécuter le jeu « Les yeux dans les yeux », (page 73).*

▷ *Bien expliquer que tout le corps peut participer ; les enfants ayant tendance à ne faire bouger que la partie située au-dessus du bassin.*

▷ *On peut préalablement mettre les enfants seuls face à un véritable miroir afin qu'ils intègrent bien l'idée avant l'exécution à deux.*

▷ *Une musique douce est ici souhaitable (voir la musicographie).*

La galerie des glaces

Objectifs   Accepter d'être leader.
Accepter les propositions d'un leader.
Concentration.
Développement du sens de l'observation.
Développement du sens du collectif.

Déroulement   Les enfants sont en ligne au milieu de l'aire de jeu à
50 cm les uns des autres environ ; l'un d'eux fait face à cette
rangée et propose une série de mouvements que le groupe va
reproduire comme dans une galerie des glaces. Les enfants doivent donc suivre le leader mais aussi être à l'écoute des autres
pour que les mouvements soient reproduits dans un ensemble
parfait.
Comme pour l'exercice précédent, les enfants ne quittent pas
des yeux celui qui dirige ; les mouvements seront lents, doux et
exécutés sur une musique appropriée.

Conseils   ▷ *Il est préférable, avant de faire ce travail, de bien*
avoir assimilé l'exercice « Le miroir », les conseils
restant les mêmes.

Fais comme moi

Objectifs Accepter les propositions de l'autre.
Accepter de reproduire ces propositions.
Développement du sens de l'observation.
Travail de l'imitation.

Déroulement Les enfants sont assis au bord de l'aire de jeu. L'un d'entre eux vient se placer face à ses camarades et dit une phrase avec une expression affichée sur le visage en accomplissant un geste très précis. Les autres viennent à tour de rôle reproduire la même phrase avec la même expression et le même geste.

Conseils ▷ *Les enfants ont du mal à reproduire scrupuleusement la proposition des autres. Ne pas hésiter à bien détailler avec eux geste et expression une fois la proposition faite, afin qu'elle puisse être restituée dans son entier ; ne pas se contenter d'à-peu-près !*

Le guignol

Objectifs   Écoute de l'autre.
Développement de la spontanéité
gestuelle.
Importance du geste lié à la parole.

Déroulement   Deux enfants se mettent au centre de l'aire de jeu ;
l'un fait face au groupe, l'autre se cache derrière lui. Le premier sera la parole, le second, les gestes.
Il faut tout d'abord trouver une position confortable : l'enfant
qui se trouve derrière va passer ses bras sous les aisselles de
son camarade. Celui-ci collera ses bras le long de son corps.
L'enfant visible va raconter une histoire (inventée ou connue),
l'autre va mimer l'histoire avec ses mains et
ses bras. Si l'enfant dit « Oh ! Que j'ai
chaud ! », la main de l'autre peu venir
éponger le front de celui qui raconte.
Inversement, c'est la main qui, faisant
un geste, peut entraîner celui qui
raconte sur une nouvelle piste : l'enfant
qui fait les gestes peut soudain gratter
la cuisse de celui qui raconte, immédiatement ce dernier devra avoir le
réflexe d'utiliser ce geste et dire, par
exemple, « Oh ! qu'est-ce que j'ai qui me
gratte ? ».
De multiples situations peuvent se
créer, toutes plus amusantes les
unes que les autres, qui sont dues à
l'anachronisme de certaines.

Conseils ▷ *Il convient d'être très vigilant quant à la douceur de l'enfant qui fait les gestes ; en effet, ne voyant pas son partenaire, des mouvements brusques peuvent entraîner quelques incidents (doigt dans l'œil...) parfaitement évitables si le jeu est fait dans la concentration et le respect de l'autre.*

Caresses

Objectifs Développement du sens tactile.
Découverte physique de l'autre.
Accepter d'être touché.
Concentration.

Déroulement Les enfants sont assis face à face, deux par deux. Il ferment les yeux et vont à tour de rôle effleurer du bout des doigts le visage de leur camarade pour en sentir la forme, la qualité de la peau, la chaleur, etc.

Conseils ▷ *On peut se reporter à l'exercice «Les yeux fermés» de l'annexe 1.*
▷ *Les enfants sont très sensibles à ce type de jeux et l'exécutent volontiers.*
▷ *Il peut trouver sa place en début d'année pour faire connaissance avec les camarades du groupe, ou bien en cours d'année pour un retour au calme et à la concentration collective.*
▷ *Une musique douce et relaxante est ici souhaitable.*
▷ *Cet exercice peut préparer à celui du «Frère jumeau» (page 78).*

Les yeux dans les yeux

Objectifs   Recherche d'une concentration commune.
Les yeux comme point de contact.

Déroulement   Les enfants évoluent sur l'aire de jeu en marchant. Au signal de l'adulte (frappement des mains par exemple), chacun s'arrête et regarde un camarde dans les yeux pendant quelques secondes ; puis ils repartent. Au prochain arrêt, ils cherchent le regard d'un autre enfant.

Conseils   ▷ *Ce travail, fait avec de la rigueur, aide les enfants à se concentrer ; une musique est souhaitable pour l'accompagner (voir la musicographie).*
▷ *Il n'est pas nécessaire de donner de plus amples explications aux enfants que celles citées ci-dessus.*

L'aveugle

Objectifs Développement de la confiance en soi et en l'autre.
Découverte d'un espace et spatialisation.
Développement de l'écoute de ses propres sensations.

Déroulement Les enfants sont deux par deux sur l'aire de jeu ; ils se répartissent les rôles : l'un sera le guide, l'autre, l'aveugle. Ce dernier ferme les yeux et place sa main gauche (paume vers le bas) sur la main droite de son guide (paume également vers le bas). Au signal de l'adulte, le guide va avancer en entraînant son aveugle dans une promenade à travers la salle.
Ce travail peut durer cinq minutes environ, temps au bout duquel l'adulte demande de s'arrêter ; les aveugles, toujours les yeux fermés, repèrent mentalement à quel endroit de la salle ils se trouvent, puis en ouvrant les yeux procèdent à un autocontrôle, sans en donner le résultat à haute voix.

Conseils ▷ *Cet exercice demande une très grande confiance en son guide qui doit s'en montrer digne et faire très attention à son aveugle (il ne doit à aucun moment le quitter des yeux).*
▷ *Il est nécessaire d'inverser les rôles au sein du couple.*
▷ *Il est préférable que les enfants aient les yeux fermés plutôt que bandés.*
▷ *Éviter que les enfants se donnent la main et veiller à ce qu'ils les posent bien l'une sur l'autre.*
Le guide « accompagne » son aveugle, il ne doit pas le tirer.

Promenade de l'aveugle

Objectifs Développement de la confiance en soi et en l'autre.
Spatialisation.
Prise de conscience du schéma corporel.
Écoute.

Déroulement Deux par deux, sur l'aire de jeu, les enfants se répartissent les rôles : l'un sera le guide, l'autre l'aveugle.

Les aveugles ferment les yeux et attendent quelques instants pendant lesquels l'adulte éparpille des objets sur le sol : objets usuels tels que chaises, livres, vêtements, sacs, tapis, cubes, bancs, boîtes, etc., symboliseront une forêt avec ses arbres, ses fossés, ses buissons, ses rochers et ses routes.

Au signal de l'adulte les aveugles avancent, entraînés dans la folle traversée de cette forêt magique, conduits par la seule voix de leur guide qui leur indique, en chuchotant, la route à prendre, les actions à mettre en œuvre, les obstacles à éviter. Le guide peut faire preuve d'une grande imagination et inventer des personnages surgissant au détour d'un chemin et faire vivre ainsi à son aveugle des aventures extraordinaires.

Je vous donne ici l'exemple d'une aventure en forêt mais, bien entendu, nombreuses sont les propositions que l'on peut faire aux enfants et qui feront travailler leur imagination : promenade au pays du Feu, promenade au pays de l'Eau, promenade dans les rues de Paris, promenade sur la Lune, promenade en haute montagne...

Conseils

▷ *Le guide est chargé d'une « mission » et doit mener son aveugle à bon port ; une grande confiance doit régner.*

▷ *L'adulte veillera à ce qu'aucun accident (chutes) n'intervienne et sera pour cela très vigilant.*

▷ *Il vaut donc mieux faire exécuter cet exercice par deux ou trois couples seulement, les autres enfants du groupe restent spectateurs.*

▷ *Les rôles au sein du couple et du groupe sont ensuite inversés.*

Le petit train

Objectifs   Situation de l'enfant par rapport
au groupe.
Connaissance de chaque membre
du groupe.
Rapidité d'exécution.
Apprentissage des notions « avant » et
« après ».

Déroulement   Tous les enfants marchent sur l'aire de jeu à une
allure normale. Au signal, ils viennent se ranger du plus petit au
plus grand, les uns derrière les autres, devant l'adulte, sans
aucune hésitation.

Conseils   ▷ *Bien préciser aux enfants qu'ils ne doivent pas
tâtonner ; « Je pense que ma place est là, donc je
me mets là. »
Ensuite, les constats sont faits.*
▷ *L'exercice peut être repris deux ou trois fois au
cours de la séance et se situe en début d'année
pour que chaque enfant fasse connaissance avec
les autres.*

Le frère jumeau

Objectifs Aspect ludique de la communication avec l'autre.
Contact physique.
Développement du sens tactile.

Déroulement Les enfants s'installent deux par deux sur l'aire de jeu ; l'un se bande les yeux, l'autre se transforme en statue (représentation ou non de la réalité).
L'enfant aux yeux bandés va devoir deviner la position de son camarade par touchers successifs pour la reproduire.
L'enfant qui est statue ne doit pas donner d'indication orale mais aider son partenaire par sa concentration.
Quand l'enfant aux yeux bandés pense être dans la même position que la statue, être son frère jumeau, il demande qu'on lui ôte le bandeau. Il constate.
Puis les rôles s'inversent dans le couple.

Conseils ▷ *Il est très important que l'enfant qui touche l'autre le fasse très doucement, sans gestes brusques.*
▷ *Il me paraît nécessaire de préparer les enfants en leur faisant exécuter au préalable le jeu « Caresses » (page 72).*

Exploration

Objectifs Découverte commune d'un espace.
Accepter les propositions de l'autre.

Déroulement Les enfants sont deux par deux, ils se donnent la main et, sans jamais se quitter, vont explorer ensemble tout l'espace qui leur est accordé. Ils pourront regarder, toucher, etc., ce qui se présentera à eux.
Cet exercice leur donne la possibilité de sortir de la pièce dans laquelle ils travaillent et d'explorer des endroits inconnus sans se quitter physiquement, et en échappant à l'œil de l'adulte.

Conseils ▷ *Ce jeu de découverte et d'exploration communes peut durer assez longtemps (dix minutes environ) s'il est fait en grande concentration, en parfait contact des deux participants.*
▷ *Il peut se pratiquer en début d'année pour investir un nouvel espace de travail, ou en cours d'année pour découvrir un nouveau lieu.*

Donnons-nous la main

Objectifs   Contact collectif.
Recherche d'une énergie collective.
Concentration.

Déroulement   Les enfants sont en cercle et se donnent la main ; les yeux sont fermés. L'adulte leur apporte tout d'abord détente et sérénité en leur faisant pratiquer trois respirations (voir l'exercice « La fleur », page 135).
Puis, il propose aux enfants de porter leur attention sur leur main droite qui transmet de la chaleur à leur camarade. Cette chaleur peut aussi être appelée « énergie » ; ainsi, chaque enfant reçoit-il dans sa main gauche de l'énergie, de la chaleur dont il se charge et qu'il transmet à son camarade par la main droite.

Conseils   ▷ *Bien entendu, la notion d'énergie est abstraite pour les enfants, c'est donc sur l'idée de transmission de chaleur, de quelque chose que l'on donne et que l'on reçoit qu'il convient d'insister ; la notion d'énergie reste simplement sous-entendue.*
▷ *Après quelques instants de flottement pendant lesquels les enfants ne « sentent » pas, ils se prennent au jeu de la chaleur, et énergie et concentration peuvent circuler.*
▷ *Il est important que l'adulte fasse partie du cercle.*
▷ *Ce travail peut se situer en début ou en milieu de séance si un éparpillement se fait sentir.*

Mime

Objectifs   Travail du geste.
Synchronisation des mouvements.
Prise de conscience de certaines parties
du corps.
Développement du sens du collectif.

Déroulement   Tous les enfants sont sur l'aire de jeu, répartis en deux
sous-groupes si besoin est.
Ils vont devoir mimer des actions précises sans le moindre
objet.
Les gestes, les positions du corps seront étudiés et corrigés très
scrupuleusement. Les mouvements des participants seront
synchronisés.
Voici quelques exemples d'actions à mimer :
— Transporter un piano très lourd.
— Retirer de la mer un filet plein de poissons.
— Tirer sur une corde (une équipe de chaque côté de la
corde).
— Soulever une énorme pierre.
— Prendre un virage en car.
— Regarder un avion passer.

Conseils   ▷ *L'adulte rectifiera toutes les mauvaises positions,
veillera à ce que l'enchaînement des mouve-
ments soit correct et harmonieux ; il conviendra
donc de trouver un rythme collectif.*

Le mille-pattes

Objectifs Recherche d'un mutuel bien-être.
Désir de donner et d'apprendre à donner.
Désir de recevoir et d'apprendre à
recevoir.
Recherche d'une détente collective.

Déroulement Les enfants sont assis en cercle, jambes écartées, les
uns derrière les autres, de sorte que leurs jambes soient éten-
dues de part et d'autre du bassin de celui qui est devant.
Chacun va poser les mains sur le dos de son camarade et commencer un léger massage en faisant de petits cercles allant du
centre (colonne vertébrale) vers l'extérieur en remontant vers
les épaules ; puis le message s'étendra aux épaules et au cou en
de légères caresses.

Conseils ▷ *Bien veiller à ce que les gestes soient très doux et*
très lents ; les enfants doivent peu à peu prendre
conscience de la détente collective qui s'installe
et du fait que donner et recevoir est un grand
plaisir.
▷ *Une musique relaxante est ici recommandée*
(voir la musicographie).

*A*ttention! Je tombe!

Objectifs   Maîtrise de l'équilibre.
Faire confiance au groupe.

Déroulement   Les enfants forment un cercle en se donnant les mains ; les épaules touchent celles du voisin (le nombre d'enfants sera déterminé selon la grandeur à donner au cercle : environ 1,20 m de diamètre). L'un d'entre eux se place au milieu de ce cercle très compact et, fermant les yeux, va se laisser tomber n'importe où, le corps bien ferme. Ses camarades le retiennent et le renvoient à sa position initiale. Il continue ainsi à se laisser tomber d'avant en arrière et de gauche à droite, ses pieds fixés au centre du cercle, sans plier le corps.

Conseils   ▷ *Il est très important que cet exercice se fasse sans tension, les enfants devant tous être très décontractés physiquement. Vous pouvez, au préalable, leur faire faire un petit jeu de décontraction musculaire ou de relaxation (voir « Tout dur, tout mou », page 139).*

▷ *Une fois passée l'appréhension des premières minutes, ils trouveront beaucoup de plaisir à se laisser ainsi ballotter.*

▷ *L'adulte sera très vigilant sur les risques de mauvaises chutes. Pour cela, veiller à ce que le rayon du cercle soit légèrement inférieur à la taille de l'enfant. Il est très important que ce jeu se fasse dans la plus grande confiance.*

Seul/Groupe
Corps

Sans les mains

Objectifs Développement du sens du toucher. Stimulation de la sensibilité de toutes les parties du corps.

Déroulement Un enfant est seul sur l'aire de jeu. Les yeux bandés et les mains dans le dos, il va devoir découvrir avec le reste de son corps la nature de l'objet que l'adulte aura placé devant lui : chaise, fleurs, assiette, table... autant d'objets à découvrir avec le visage, les épaules, le ventre, les pieds, les fesses, les genoux, etc.

Prolongement Les enfants spectateurs observeront les mouvements et les contorsions de leur camarade ; vous pourrez ensuite leur faire reproduire, en jeu d'imitation, ce qui aura été fait par tel ou tel enfant, ce qui contribuera à développer leur sens de l'observation.

Conseils ▷ *Il est préférable de commencer par des objets de taille assez importante pour aller vers des objets de plus en plus petits.*

Toi et moi
= un

Objectifs   Prise de conscience du corps de l'autre.
Oser se toucher.

Déroulement   Les enfants sont sur l'aire de jeu, deux par deux. Chaque couple va évoluer (marcher, danser, etc.) sans jamais perdre le contact physique mais en changeant constamment les parties du corps qui se touchent.
Inciter les enfants à rechercher les points de contact les moins évidents (hanches, oreilles, orteils, cou, etc.).
Ils doivent bouger lentement et sans arrêt en essayant de trouver chaque fois une nouvelle position.

Prolongement   Quand les enfants auront pratiqué ce jeu à plusieurs reprises, vous pourrez leur demander d'inventer, sur fond musical, une petite chorégraphie rythmée, en respectant la contrainte de départ mais en insistant sur la beauté et sur l'enchaînement des poses prises à deux.

Conseils   ▷ *Veiller à ce que le contact ne soit que physique, sans aucune suggestion orale des partenaires entre eux.*

Qui suis-je ?

O*bjectifs* Acceptation du toucher.
Développement du sens tactile.

D*éroulement* Un des enfants se place dans un coin de l'aire de jeu, dos tourné aux autres qui, un à un, viennent poser leur main droite sur son épaule (le temps de compter jusqu'à cinq).
Celui qui est touché doit dire le prénom de l'enfant qui est entré en contact avec lui, s'il le reconnaît ; le premier ainsi reconnu prend sa place.
Les enfants ne doivent rien faire pour éviter qu'on les reconnaisse ; au contraire, ils doivent entrer en « contact mental » avec leur camarade, par le toucher.

C*onseils* ▷ *Ici, l'écoute et la concentration sont importantes, la sensation d'être touché doit être agréable, et celui qui pose sa main doit le faire avec le désir de vouloir donner quelque chose à son camarade.*
▷ *Je préconise une musique douce qui procure calme et paix pour ce travail qui fait appel au magnétisme que chacun porte en lui.*
▷ *Veiller à ce que les enfants portent des vêtements qui ne soient pas trop épais, ce qui gênerait la sensation recherchée.*

Le jeu dramatique

Les exercices qui composent ce chapitre tendent à développer la recherche d'un état et le travail d'improvisation (c'est-à-dire composer un personnage, une situation sur-le-champ et sans préparation). Ils feront appel à toutes les situations développées dans les chapitres précédents.

Dans quel but ?

Le point de départ de ces exercices sera toujours la stimulation de l'imagination. Tous les enfants sont capables de raconter des histoires, ils le font constamment, seuls ou en groupe ; faisons-leur confiance et laissons-les nous raconter des histoires, qui seront toutes acceptées. Seules les contraintes devront être respectées, mais... « de la contrainte naît la liberté ». Le travail sur les états est fondé sur la vérité de chaque enfant. Une émotion, même la plus commune, est toujours exprimée de façon différente par chacun ; offrons à l'enfant la possibilité de la communiquer dans l'harmonie et la confiance.

Théâtralement, l'improvisation est un travail fondamental. Tous les exercices tendent à préparer sa réalisation. L'improvisation est pour les enfants le lieu de la découverte et de la liberté : liberté de créer, de s'exprimer, de construire au gré de son imagination.

Cependant, il s'agit de la canaliser chez les enfants, l'improvisation n'étant pas un exercice où tout peut être fait « n'importe comment » mais, bien au contraire, un travail dans lequel le respect du cadre donné au départ et de la contrainte est primordial.

Le théâtre est l'école de la rigueur. Improviser, c'est accepter cette rigueur, c'est accepter la liberté dans la rigueur ; transmettre cette notion aux enfants, c'est les aider à grandir et les respecter dans leur devenir d'êtres humains.

Quand ?

Le travail sur les états et les improvisations se fait en fin de séance, après avoir préparé les enfants par un échauffement physique et mental et par une bonne relaxation générale, physique et mentale elle aussi. Cette préparation favorise l'émergence d'une disponibilité à donner, à recevoir, à partager dans le bonheur et dans la joie.

Il est à noter que les improvisations individuelles amènent les enfants à être spectateurs du travail de leur camarade. J'insiste sur le fait que ceux-ci doivent être à l'écoute et aider par leur concentration le travail de celui qui est sur l'aire de jeu. Ainsi commencent-ils leur apprentissage de spectateurs respectueux du travail d'autrui.

Ces exercices sur les improvisations ne pourront se faire qu'après un profond et rigoureux travail de préparation ; en période scolaire, ne pas les commencer avant le mois de février ou de mars.

Les statues de pierre

O*bjectifs*   Expression du masque.
Expression corporelle.
Recherche de la spontanéité.
Extériorisation d'une émotion.

D*éroulement*   Les enfants évoluent sur l'aire de jeu en marchant ; au signal (mot donnant l'état de la statue), ils s'arrêtent, parfaitement immobiles, dans l'état demandé, et restent ainsi environ une minute. À titre d'exemple : les statues pourront être gaies, tristes, malades, en colère... Puis, sur un nouveau signal, les enfants reprendront leur marche dans la plus parfaite neutralité.

C*onseils*   ▷ *Insister sur la spontanéité, la première proposition physique de l'enfant est la bonne ; il doit avoir confiance en ce qu'il fait et, par là, imposer sa vision de tel ou tel état.*

Arrêt sur image

Objectifs   Expression corporelle.
Développement de l'écoute.
Recherche de la spontanéité.

Déroulement   Le groupe d'enfants évolue sur l'aire de jeu en marchant. À la proposition verbale qui leur est faite, les enfants s'arrêtent et se figent en statue. Ici, les propositions seront des verbes tels que prendre, donner, ramasser, cueillir, etc.

Puis, très lentement, les statues se mettent en mouvement et prolongent ainsi l'action amorcée et qui a été interrompue. Tout se passe comme s'il y avait un « arrêt sur image » et que le film reprenait au ralenti.

À un nouveau signal donné, le groupe reprend sa marche neutre.

Conseils   ▷ *Une grande liberté sera laissée aux enfants pour l'interprétation physique de la proposition qui leur est faite : elles seront toutes acceptées.*

Tableaux sonores

Objectifs   Développement de l'écoute.
Expression corporelle.
Recherche de la spontanéité.
Développement de l'imaginaire.

Déroulement   Le groupe est divisé en deux, G1 et G2, chacun étant situé dans un espace bien précis de l'aire de jeu ; G1 tournant le dos à G2.
À la demande de l'adulte, G1 se retourne et, face à G2, exécute un tableau (sans concertation des enfants entre eux) sur le thème demandé.
Dès que le tableau est terminé et figé, G2 commence à émettre des sons que lui inspire l'improvisation de G1.
À titre d'exemples, les propositions faites peuvent être : le printemps, le petit train, en pique-nique, etc.
Durée approximative : une minute et demie.
Lentement, le contact établi se dissout, le tableau se défait.
Intervertir les rôles des deux groupes.

Prolongement   Même déroulement du jeu, mais seul le G1 connaît le thème de l'improvisation. Le G2 émet alors des sons inspirés par ce qu'il voit, et non par le thème.

Les quatre personnages

Objectifs Travail sur la rapidité.
Expression corporelle.
Développement de l'imagination.

Déroulement Tous les enfants évoluent sur l'aire de jeu. Mentalement, ils choisissent un numéro de un à quatre.
L'adulte appelle un chiffre : le ou les enfants qui l'ont choisi interprètent physiquement un personnage (humain ou non) ; les autres s'arrêtent et regardent l'évolution des personnages. Celle-ci peut durer une minute. Puis, tous les enfants reprennent une marche normale, ceux qui viennent d'être appelés changent mentalement de numéro et de personnage.

Conseils ▷ *Inciter les enfants à se détacher le plus possible de la vie quotidienne et à trouver des attitudes physiques pour interpréter la mer, une fleur, un personnage imaginaire, etc.*
▷ *On peut prévoir, avant cet exercice, un temps de recentration (exercice « Les yeux fermés », page 133).*

Les machines infernales

Objectifs Concentration commune.
Accepter les propositions des autres et s'en servir.

Déroulement Tous les enfants sont assis sur l'aire de jeu. L'adulte leur explique le travail : un à un, les enfants vont devoir aller sur l'aire de jeu et faire un mouvement accompagné d'un son ou d'un bruit, chacun devenant ainsi la pièce d'une machine. Un premier enfant va donc venir proposer un son et un mouvement qu'il devra exécuter jusqu'à la fin de l'exercice. Puis un deuxième enfant propose à son tour un son et un mouvement. Ils peuvent travailler en contact physique ou non, mais toujours en contact rythmique. Chacun doit avoir présent à l'esprit que sans lui la pièce voisine ne peut marcher.
Quand tous les enfants sont en place, la machine est construite et l'adulte peut, à l'aide de signes, lui demander de ralentir, d'accélérer, etc. De l'extérieur, on doit vraiment voir une machine fonctionner.

Conseils ▷ *Plusieurs essais sont parfois nécessaires.*
▷ *Avant de faire exécuter cet exercice, vous pouvez travailler l'exercice «Pièces de machine» (page 35).*
▷ *Vous pouvez également vous reporter à l'exercice intitulé «Le concert» quand la machine est construite.*
▷ *Ce travail, qui peut avoir des résultats très surprenants et intéressants, doit se faire avec rigueur et concentration. Chaque pièce doit toujours être en contact avec les autres.*

Le coffre magique

Objectifs   Développement de l'imagination.
Développement de la capacité à raconter.
Prise de conscience de l'expression
du visage.

Matériel   Un coffre ou une valise (si sa forme est peu ordinaire ce
n'en est que mieux).

Déroulement   Chaque enfant travaillera individuellement face au
groupe. Au centre de l'aire de jeu se trouve un coffre. L'enfant
va l'ouvrir et décrire aux spectateurs ce qu'il contient (il faut
donc qu'il imagine car, bien entendu, il est vide).
Aucune barrière ne doit freiner son imagination, tout doit être
accepté, le coffre peut contenir aussi bien « l'immeuble dans
lequel j'habite » que « l'amour de ma maman » ou encore « ma
brosse à dents ».

Conseils   ▷ *On peut aider l'enfant dans sa description en lui
posant des questions. Ce qu'il voit dans le coffre
doit surgir devant les yeux des spectateurs.*
▷ *Un exercice de recentration et de visualisation
peut être envisagé avant de faire ce travail
(voir l'exercice « Images mentales », page 137).*

Le défilé des vingt

O*bjectifs* Développer l'imagination.
Composer un personnage.
Développer la rapidité d'exécution.

D*éroulement* Les enfants sont tous au fond de l'aire de jeu. L'adulte leur dit qu'il aimerait voir défiler devant lui vingt personnages différents. Dès qu'il appelle le numéro un, l'un des enfants vient au centre de l'aire de jeu et, en composant physiquement le personnage, il en donne le nom et l'âge. Puis, l'adulte appelle le numéro deux, un autre enfant incarne un personnage en le nommant, et ainsi de suite jusqu'au vingtième.

C*onseils* ▷ *Demander aux enfants de faire preuve d'imagination et de présenter un défilé dans lequel un chewing-gum peut précéder un ours qui sera lui-même suivi par un bébé puis par le vent qui souffle.*
▷ *Ce travail doit être fait avec une grande rapidité et les enfants peuvent passer plusieurs fois en interprétant des personnages chaque fois différents.*
▷ *Suivant le groupe avec lequel vous travaillerez, le défilé peut être constitué de 10 ou de 100 personnages !*
Mais vous devez le préciser aux enfants avant de commencer le travail.

Chaud ou froid

Objectifs Développement de la sincérité.
Mémorisation des actions spontanées pour les reproduire.
Être attentif à ses propres gestes.
Sens de l'observation.
Confiance en soi.

Déroulement **Premier temps.** Les enfants sont tous assis sur l'aire de jeu, sauf un, qui sort ; ils vont décider entre eux de la cachette d'une pièce de monnaie pour ensuite être spectateurs du travail de leur camarade.
Une fois la pièce cachée, celui qui est sorti entre et se met à la chercher ; les spectateurs peuvent l'aider en lui donnant des indications comme « Tu brûles », « Tu refroidis »... Il est ainsi guidé dans sa recherche de la pièce de monnaie.

Second temps. Le même joueur ressort, mais, avant de sortir, il va lui-même cacher la pièce ; ensuite tout se passe comme dans le premier temps à savoir : « Je cherche un objet caché, je n'ai aucune idée de l'endroit où il se trouve. » L'enfant va donc devoir « jouer » à chercher et donc se souvenir (pour les reproduire) des gestes et des expressions qu'il a eus quand, réellement, il ne savait pas où était cachée cette pièce.

Conseils ▷ *Guider l'enfant dans ce second temps pour l'amener à se souvenir de sa propre façon de chercher ; ils n'auront pas tous la même : tel enfant peut chercher avec excitation tandis qu'un autre le fera avec calme, méthodiquement. Ce qui importe, c'est que la quête se fasse dans les deux temps de la même façon.*

Le menteur

Objectifs Développement de l'imagination.
Confiance en soi et en l'autre.
Être attentif à ses propres gestes.
Mémoriser des actions spontanées pour
les reproduire.
Recherche de la sincérité dans les mouve-
ments.

Déroulement **Premier temps.** Deux enfants sont sur l'aire de jeu ;
l'un est l'aveugle, l'autre, le guide. Le premier doit parcourir un
chemin sur lequel il y aura de prétendus obstacles ; le
deuxième le guide par des explications telles que : « Avance de
trois pas, lève la jambe gauche, tourne à gauche, attention à la
chaise », etc.
On bande les yeux de l'aveugle mais aucun obstacle n'est posé
sur l'aire de jeu.
Le parcours commence. Le guide invente par ses commentaires
les obstacles à éviter ou à franchir ; l'aveugle se laisse ainsi guider. Inconsciemment, il va suivre les indications données, car
même s'il sait qu'il n'y a pas d'obstacle, le fait d'avoir les yeux
bandés le coupe du monde extérieur et il s'en remet à son guide.

Second temps. Puis, les yeux débandés, l'enfant va refaire le
même parcours décrit par le guide, c'est-à-dire faire « comme
si » il y avait des obstacles, jouer à enjamber une cuvette imaginaire pleine d'eau, passer sous une table, tourner autour d'une
chaise, etc.
Le fait d'avoir déjà effectué le parcours les yeux bandés lui a
donné la possibilité d'intérioriser les mouvements ; ainsi le « jeu
théâtral » sera-t-il sincère dans le deuxième temps.

Contraste

Objectifs Concentration.
Rapidité d'exécution.
Expression corporelle.
Passage d'un état à un autre.

Déroulement On installe au milieu de l'aire de jeu un panneau assez grand pour pouvoir dissimuler l'enfant qui va travailler (une simple ligne tracée sur le sol peut suffire). Celui-ci se place à gauche du panneau, l'adulte lui donne deux états contraires (exemple : les larmes et le rire ou « tu pleures et tu ris »). L'enfant part de la gauche du panneau en exprimant un état d'une manière claire (les larmes), passe derrière le panneau et réapparaît à droite en exprimant l'état contraire (le rire).

Exemples que vous pouvez faire travailler :
– Je suis beau, je suis laid.
– Je suis heureux, je suis triste.
– Je cherche, je trouve.
– Je suis bien, je suis malade.

* * * * * * * * * * * *

Conseils ▷ *Il s'agit pour l'enfant de prendre conscience que, dans un état, le corps s'investit d'une façon et, dans l'état contraire, d'une autre façon.*
▷ *Dans l'exemple précité, pour le rire, le corps peut être ouvert : le visage radieux, les yeux vers le haut, tandis que pour les larmes les épaules tombent, le visage est fermé, les yeux regardent le sol.*
▷ *Étant entendu qu'il faut laisser à l'enfant l'entière liberté pour exprimer un état, toute proposition qu'il fera sera acceptée, vous devrez simplement l'inciter à aller plus loin dans sa proposition, car très souvent les enfants effleurent les états.*

De main en main

Objectifs Développer l'imaginaire et l'imagination.
Travailler avec l'accessoire.

Déroulement Tous les enfants sont assis en cercle, l'adulte se tient parmi eux.

Le jeu consiste à faire passer de main en main un objet usuel (chaussure, sac, clés...) en le détournant de sa fonction initiale. Pour ce faire, chacun va mimer une très courte scène (une minute environ) avec l'objet (scène muette).

Exemple : j'ai dans les mains une chaussure, je la tiens comme un bouquet de fleurs et je l'offre à mon voisin. La chaussure va ainsi passer de main en main en ayant pour chaque enfant une fonction différente.

Conseils ▷ *Faire ce travail deux fois avec deux objets différents, en ayant soin, si le premier a tourné en partant de la droite, de faire partir le second de la gauche, car les derniers participants du cercle doivent faire preuve de beaucoup d'imagination, l'objet ayant été détourné plusieurs fois de sa fonction avant leur tour.*

Tout sauf une chaise

Objectifs Développer l'imaginaire et l'imagination.
Travailler le rapport à l'objet.

Déroulement Un enfant va travailler seul face aux autres qui seront
spectateurs. Il va devoir raconter une histoire (muette ou parlée) à partir d'un objet imposé par l'adulte. Cet objet n'aura rien
d'insolite, ce sera un objet usuel (foulard, chaise, chaussure,
etc.), mais l'objet devra être détourné de sa fonction. Si c'est
une chaise, au cours de l'improvisation celle-ci pourra être un
lit, une table, une personne, un bébé, etc. Tout, sauf une chaise ;
pour cela faisons confiance à l'imagination des enfants !
En outre, cet objet devra faire partie intégrante de l'histoire et
être utilisé durant toute l'improvisation.

Conseils ▷ *Le thème de l'improvisation est libre et toutes les
propositions seront acceptées, mais veiller à ce
que la contrainte (tout sauf une chaise) soit respectée.*
▷ *Cet exercice peut être préparé par le jeu précédent (« De main en main ») pour familiariser l'enfant à cette contrainte.*

À ton tour !

Objectifs Développer l'humilité, accepter que sa proposition soit détournée.
Développer l'imagination.
Se concentrer sur une proposition précise.
Rechercher la sincérité.

Déroulement Les enfants sont assis en ligne face à l'aire de jeu. L'un d'entre eux vient se placer face à ses camarades et propose une phrase, avec une certaine intonation, un geste et une expression. Les autres, à tour de rôle, viennent redire la phrase mais en proposant une autre intonation, un autre geste et une autre expression, sans pour cela détourner le sens de la phrase. Il y aura donc autant de propositions qu'il y a d'enfants, chacun devant bien observer ce qui est fait avant lui.

Conseils ▷ *Inciter les enfants à être clairs et précis dans leur geste, leur expression et leur intonation, la phrase devant être assez courte. Ne pas hésiter à leur faire faire plusieurs fois cette improvisation et les aider à trouver d'autres situations tout en respectant la phrase.*
▷ *À titre d'exemple, si le premier enfant propose la phrase suivante : « Tu es beau mon petit chien » en caressant un chien imaginaire, très gentiment avec un grand sourire, le deuxième peut, en disant exactement la même phrase, regarder le chien imaginaire s'éloigner, avec une expression de tristesse.*
▷ *Cet exercice d'improvisation peut être préparé par l'exercice « Fais comme moi », page 69.*

Imiter
n'est pas copier

Objectifs Développer l'imagination.
Travail de l'imagination dans le sens où l'entend Aristote : « Imiter n'est pas copier les apparences mais reproduire les forces créatrices intérieures qui produisent ces apparences. »

Déroulement Les enfants sont assis en cercle sur l'aire de jeu. L'adulte leur mime une action, comme soulever une grosse pierre, et les laisse deviner. Puis, c'est à leur tour de mimer l'action proposée, mais en faisant une autre interprétation.
Ce travail peut se faire :
– À partir d'une proposition spontanée par l'adulte ou par un enfant.
– À partir d'un thème : par exemple, boire. Il faut alors rechercher toutes les façons de boire (un liquide chaud, du poison, en cachette, un liquide amer...).
– Autre exemple : mimer des sentiments.

Conseils ▷ *Essayer au maximum que tous les enfants miment et puissent ainsi s'exprimer, les aider au besoin à trouver de nouvelles propositions.*

Tout de suite, en musique

Objectifs   Travailler la sincérité.
Donner à l'enfant la possibilité de se faire confiance.

Déroulement   L'enfant, placé au milieu de l'aire de jeu, tourne le dos à ses camarades assis qui vont être spectateurs de son travail.

L'adulte lui laisse le temps de trouver un état de concentration maximal puis met une musique ; tout de suite, sur les premières notes, sans aucun temps de réflexion, l'enfant doit se retourner et commencer à raconter physiquement une histoire. La musique entraîne obligatoirement un mouvement, qui en entraînera un autre, et l'histoire débutera « malgré » l'enfant, se construisant au fur et à mesure que se déroule la partition musicale. Le premier geste étant spontané, il peut même surprendre l'enfant qui doit se faire confiance.

Cette histoire, qui sera gestuelle (on peut accepter des sons ou des bruits), ne comprendra aucun texte.

Conseils   ▷ *Ce travail devant se faire en grande concentration, prévoir un temps de recentration avant, pour que l'enfant puisse donner le maximum de lui-même (voir l'annexe 1 : « Recentration »).*
▷ *Cet exercice ne trouvera sa place qu'en cours d'année, quand les enfants y auront été préparés par un travail de contact, d'écoute, d'entraînement physique et de concentration.*

Jeu de clown

Objectifs Ludisme collectif.
Intégrer le jeu réel et la composition d'un personnage.

Déroulement Les enfants sont divisés en deux demi-groupes, l'un sera acteur, l'autre spectateur. Les enfants acteurs sont sur l'aire de jeu et, comme pour l'exercice « 1, 2, 3, Soleil ! » (page 47), l'un d'entre eux, le meneur, fait face au mur, les autres étant derrière lui à l'autre bout de la salle et vont tenter de prendre sa place. Le meneur dit « 1, 2, 3, Soleil ! » en tapant trois fois sur le mur, se retourne et cherche dans le groupe qui, entre-temps, a avancé vers lui, tout « acteur » qui n'est pas parfaitement immobile. Il le renvoie à sa place. Mais les enfants acteurs, au moment de leur immobilité, doivent faire face aux spectateurs et prendre des poses théâtrales, c'est-à-dire exagérées. Et, afin d'augmenter le comique de la pose choisie, demander aux enfants de mettre des nez de clown, ce qui ne manquera pas de rendre cet exercice fort attrayant à leurs yeux !
Enfin, l'enfant qui arrive le premier au mur prend la place du meneur.

Conseils ▷ *L'adulte devra veiller à ce que la contrainte théâtrale soit respectée et que les enfants à l'arrêt se tournent effectivement vers les spectateurs (pris par l'attrait du jeu, certains pourraient avoir tendance à l'oublier !).*

Le mouchoir

Objectifs   Développer le plaisir du jeu.
Développer l'imagination.
Composer un personnage bien précis.
Entraînement à la rapidité d'exécution.

Déroulement   Sans doute tous les enfants savent-ils jouer à la chandelle ! L'adulte leur rappelle les règles de ce jeu : les enfants sont assis en cercle, sauf un qui tient dans sa main un mouchoir. Il tourne autour du cercle et va déposer très discrètement le mouchoir derrière un de ses camarades.
Là deux solutions s'offrent :
– Ou bien le mouchoir est découvert par l'enfant derrière lequel il a été déposé. Celui-ci se lève et tente de rattraper le premier joueur.
– Si le mouchoir n'est pas découvert quand le joueur a fini son tour, l'enfant désigné par le mouchoir devient la « chandelle » et va au milieu du cercle jusqu'à ce qu'il soit délivré par une autre « chandelle » qui prend sa place. (Mais il se peut aussi que le mouchoir soit, une fois encore, placé dans son dos.)
Notre jeu va se dérouler selon les mêmes règles, mais les enfants doivent interpréter debout un personnage (réel ou non, vivant ou non) par une démarche, une expression, des tics, un état, des sons : ainsi un bébé pourra poursuivre un lion qui, à son tour, posera le mouchoir derrière la pluie, elle-même étant poursuivie par une vieille femme.

Conseils

▷ *Bien veiller à ce que la contrainte d'interpréter des personnages ne soit pas évincée au profit du jeu lui-même. Bien au contraire, le plaisir du jeu sera accru par ce défilé de personnages, et les enfants assis pourront assister à un véritable spectacle.*

▷ *Inciter les enfants à interpréter des personnages extraordinaires incarnant la pluie, l'orage, le soleil, le vent, un monstre, un crayon, etc.*

La classe en délire

Objectifs   Interprétation collective.
Écoute des partenaires.
Travail du vocabulaire, invention de mots.

Déroulement   Les enfants sont sur l'aire de jeu. L'adulte donne le thème de l'improvisation : ils sont tous des élèves très sages qui écoutent bien le maître. Mais celui-ci quitte la salle en leur ayant demandé d'être très sages. Petit à petit les élèves vont rompre le silence et se dire des mots de leur invention ou des mots très courants qui, selon l'intonation et à partir de la proposition de l'adulte, pourront être pris :

– soit pour des injures, et ce sera le thème des « gros mots ». Quel plaisir de traiter son camarade de *fourchette* comme si c'était la plus grande des injures !

– soit pour des mots tendres, et ce sera le thème des « enfants amoureux », tel petit garçon pouvant dire à l'oreille de son amoureuse qu'elle est la plus belle des *citrouilles*.

– soit pour une demande, et ce sera le thème des « prête-moi... ». Demander à son camarade de prêter *sa tête* et voilà le délire qui commence !

Il s'agit donc d'inventer des mots ou de détourner le sens courant de certains autres pour les investir d'un autre sens.

Conseils   ▷ *Pour commencer, ne travailler qu'un seul thème par séance.*

▷ *Une grande rigueur doit être demandée aux enfants, qui doivent s'écouter les uns les autres.*

▷ *Cet exercice ne peut se faire qu'après une grande préparation en contact et en écoute.*

▷ *Le plaisir du jeu doit être et sera réel si la contrainte n'est pas détournée.*

Objets
à tout faire

Objectifs   Développement de l'imagination.
Rapidité d'exécution.

Déroulement   Les enfants sont assis sur l'aire de jeu et regardent un de leur camarade travailler.

L'adulte explique le déroulement de l'improvisation : « Je vais vous donner un thème d'histoire (muette ou parlée) à raconter ou à mimer et, au cours de l'histoire, il faudra obligatoirement utiliser l'objet que je vous aurai donné. Il ne faut pas systématiquement utiliser cet objet au début de l'histoire mais, à un moment donné, il doit en faire partie. »

Un enfant va se placer au centre de l'aire de jeu, se concentre quelques instants, prêt à recevoir le thème de l'improvisation et l'objet que l'adulte déposera près de lui.

Il y aura autant de thèmes et d'objets qu'il y a d'enfants.

Voici à titre d'exemples des associations que j'ai pu proposer.

Place à votre imagination !

– « Le balai de la sorcière », une poupée.
– « Au pays du silence », une corde à sauter.
– « Voyage sur la Lune », une brosse à dents.
– « Promenade en forêt », un tambourin.
– « Le géant du zoo », une peluche.

Conseils   ▷ *Vous pouvez aussi utiliser des titres de contes ou d'albums, connus ou non des enfants, comme thème de l'improvisation.*
▷ *Il est souhaitable de préparer ce travail en faisant exécuter dans les séances précédentes les exercices « De main en main » (page 101) et « Tout sauf une chaise » (page 102).*

Les petits dessins

Objectifs Rapidité d'exécution.
Travail sur la sincérité.
Développement de l'imagination.
Traduction physique d'une image mentale.

Déroulement L'enfant est au milieu de l'aire de jeu, dos tourné à ses camarades qui vont le regarder travailler. L'adulte lui laisse le temps de se trouver en état de concentration et de disponibilité. Quand il se sent prêt, l'enfant choisit un carton au hasard parmi plusieurs qui seront posés sur le sol (en fond d'aire de jeu), puis traduit physiquement et *immédiatement* ce que le dessin du carton lui suggère.
Un premier mouvement, une première sensation ou une première expression du ressenti, de l'impact de l'image sur l'enfant va naître obligatoirement à la vue de ce dessin.
Le laisser ensuite poursuivre son improvisation le temps qu'il veut (de quelques secondes à quelques minutes).

Conseils ▷ *La nature des dessins a évidemment une grande importance. Ils peuvent être une représentation de la réalité ou non, représenter une photo, un tableau de maître (Vasarely, Manet...) ou encore un objet découpé dans tel ou tel catalogue.*
Là encore tout peut servir de déclencheur à l'improvisation.

Le concert

Objectifs Développer le sens du collectif.
Trouver un rythme commun.
Écouter les autres.
Apprendre à se recentrer.

Déroulement Ce travail se fera sur un thème donné en début d'exercice. Les enfants sont disposés en cercle ; l'adulte leur demande de trouver un son, un bruit ou un mot en rapport avec ce thème et leur laisse un temps pour bien les choisir.

Chacun des sons, bruits ou mots sera un « instrument de l'orchestre ». Puis, demander à chacun des enfants de jouer individuellement de leur instrument, c'est-à dire de répéter le son, le bruit ou le mot choisi plusieurs fois.

Ensuite l'adulte donnera le rythme sur lequel le concert sera joué, rythme que les enfants intègreront en frappant dans leurs mains par exemple.

Une fois qu'il est acquis, commencer le concert : tous les sons, bruits ou mots sont joués en même temps ; évidemment, ils sont répétés plusieurs fois : si un enfant a choisi de faire « tchac-tchoc-tchac-tchoc », il répètera ces deux sons tout le temps que durera le concert.

L'adulte sera le chef d'orchestre et pourra demander à certains enfants de monter le son tandis que d'autres le baisseront, à certains de se taire tandis qu'un ou deux enfants joueront en solo, etc.

Les thèmes peuvent être multiples. Voici, à titre d'exemple, quelques-uns d'entre eux que j'ai travaillés avec des enfants : le train, la ville, le cirque, à partir d'une histoire, à partir d'une promenade en forêt, etc.

Conseils   ▷ *Ce travail doit être mené dans la rigueur et peut donner ainsi des résultats inattendus.*

▷ *Un enregistrement au magnétophone est ici souhaitable, les enfants seront surpris en l'écoutant ; il peut servir de base pour retravailler le « concert » ou bien de bande sonore pour un éventuel spectacle.*

Coupure de son

Objectifs   Maîtrise et précision du geste.
Expressivité du corps.
Écoute de l'autre.

Déroulement   Un enfant est immobile sur l'aire de jeu, face au groupe. L'adulte commence à raconter une histoire connue : un conte ou une histoire lue au préalable, puis se tait brusquement. L'enfant doit continuer l'histoire mais sans paroles, seul le corps en mouvement raconte.
L'adulte peut reprendre l'histoire quelques secondes plus tard, ou bien laisser l'enfant continuer à improviser physiquement. La contrainte étant que l'on puisse reprendre oralement l'histoire à n'importe quel moment sans que le sens en soit altéré.
Dès que le conteur reprend la parole, le joueur muet s'immobilise.

Conseils   ▷ *Quand les enfants se sentent à l'aise dans ce genre de travail, le rôle du conteur peut être pris par l'un d'entre eux.*
▷ *Le plus grand respect entre les deux participants est très important.*

Jouons ensemble

Objectifs Cohésion artistique du groupe.
Symbiose collective.
Écoute maximale de ses partenaires.
Humilité.

Déroulement L'improvisation collective est en apparence très simple, on donne aux enfants un thème et ils improvisent. Cependant, cette simplicité cache un difficile parcours de compréhension, d'écoute, de disponibilité, d'imagination. C'est pourquoi l'improvisation collective ne peut être réalisée par tous les groupes et ne peut être envisagée qu'après avoir travaillé en profondeur les exercices décrits avant ce dernier jeu.
Quatre règles semblent importantes à respecter dans toutes improvisations collectives :
– Les enfants doivent accepter d'être meneurs à certains moments puis de se laisser guider par le reste du groupe ensuite.
– Chaque idée proposée doit être explorée jusqu'au bout de sa logique.
– Les enfants doivent tendre vers la création de tableaux visuels collectifs.
– Enfin, le plaisir du jeu doit être extrême et les enfants goûtent ce plaisir avec joie...

Conseils   ▷ *Vous pouvez trouver des thèmes d'improvisations collectives en fonction d'un petit spectacle précis à monter ou tout simplement pour le bonheur de créer ensemble un événement qui ne sera jamais vu par aucun public.*

▷ *Les enfants entre eux improvisent sans le savoir : « On va jouer au papa et à la maman », « On va jouer à la maîtresse », etc.*

Essayez néanmoins, si vous êtes amené à leur proposer un thème d'improvisation, de les entraîner dans un registre imaginaire.

Voici à titre d'exemples, des propositions que j'ai pu faire à des groupes d'enfants :

– Partons sur la Lune.

– La naissance du monde.

– Promenade au pays du chocolat.

– Au pays des poupées Barbie.

Les thèmes de travail

Thème de travail n° 1 : la musique

« La musique adoucit les mœurs » dit-on. Musique classique, contemporaine, de relaxation, jazz, etc. La musique est une merveilleuse base de développement intellectuel, émotionnel et physique pour l'enfant car elle crée un état intérieur d'équilibre en éliminant tensions, angoisse, crainte, et en favorisant l'épanouissement, la détente, la sérénité et la confiance en soi.

Dans l'exemple décrit ci-dessous, chacune des séances peut durer de trente à quarante minutes. À vous de modifier leur durée en fonction des besoins de votre groupe.

Développement du travail
(six séances)

Choix du morceau musical illustrant l'exemple : *Le Beau Danube bleu*, de Strauss (durée : sept minutes).

Première séance : séance préparatoire

* Exercices de visualisation
« Le mot », « Images mentales » (page 137).
* Exercices de respiration
« La fleur », « J'imagine et je respire » (page 135).
* Exercice de relaxation
« La poupée de chiffon » (page 139).
* Écoute du morceau musical choisi.
Sans aucun commentaire.

Deuxième séance : la musique

❋ Exercice de concentration

« Les yeux fermés » (page 133).

❋ Écoute musicale

Demander aux enfants, quand ils sont en état de concentration, de fixer leur attention sur la musique et de se raconter mentalement une histoire. Ils laissent alors vagabonder leur imagination et des histoires farfelues peuvent naître.

❋ Temps d'échange

Revenu lentement et doucement à la position assise, après avoir pratiqué quelques mouvements d'étirement, chaque enfant va raconter aux autres l'histoire qui lui est apparue durant l'écoute de la musique.

Voici une histoire sur laquelle nous avons travaillé et qui nous a servi de trame pour les séances suivantes.

« Une danseuse est en représentation. Heureuse, elle danse devant un public venu l'acclamer. Elle fait un faux pas, tombe, souffre beaucoup du genou mais continue de danser. Au bout de quelques minutes, la douleur est devenue trop forte, elle sort de scène. Le public l'appelant, elle revient sur scène en larmes pour saluer.

Malheureuse, elle envoie des milliers de baisers à ce public si fidèle. » (Le public était joué par les enfants.)

Troisième séance : travail corporel

L'histoire choisie demande un grand investissement corporel de la part des enfants, tant au niveau du mouvement que du travail respiratoire. En effet, ils devront danser sans se fatiguer ni perdre leur souffle.

❋ Exercices respiratoires

« Je me gonfle », « L'ascenseur » (pages 135 et 136).

❋ Exercices sur l'espace

« L'attrape-soulier », « 1, 2, 3, Soleil ! » (pages 42 et 47).

❋ Exercice de dynamisation

« Hop ! » (page 29).

❋ Exercices d'expression corporelle

« La danse du crabe et de la girafe », « Pièces de machine » (pages 34 et 35).

Tous les exercices seront motivés par l'histoire, il est donc nécessaire de la rappeler aux enfants en temps voulu. Par exemple, avant de faire exécuter l'exercice de « L'attrape-soulier » (page 42), leur expliquer qu'en dansant après s'être fait mal, la danseuse ne voit rien car elle a des larmes plein les yeux et que, néanmoins, l'enfant qui joue le rôle doit utiliser avec une grande maîtrise l'espace du plateau sur lequel il évolue.

Quatrième séance : travail de contact

Certains enfants auront à interpréter le rôle du public, il doit donc y avoir jeu entre le public et la danseuse.

Contact, émotion doivent être établis entre les partenaires.

* Exercice de concentration

« Les yeux fermés » (page 133).

* Exercices de contact

« Donnons-nous la main » (page 80), « La galerie des glaces » (page 68), « Les yeux dans les yeux » (page 73).

En exécutant ces deux derniers exercices, les enfants doivent avoir l'histoire présente à l'esprit.

À ce stade du travail, demander aux enfants volontaires (pour le rôle de la danseuse et celui du public) de venir interpréter la scène devant le reste du groupe, accompagnés par la musique choisie.

Cinquième séance : travail du jeu dramatique

Pour interpréter cette scène, les enfants auront à travailler le passage d'un état à un autre : la danseuse heureuse de danser, puis triste car elle ne peut continuer son ballet.

* Exercice de visualisation

« Promenade mentale » (page 138).

* Exercices de jeux dramatiques

– « Arrêt sur image » (page 91).

Les mots inducteurs seront en relation avec l'histoire (ex. : danser, pleuer, applaudir, etc.).

– « Contraste » (page 99).

Le travail demandé sera aussi en rapport avec l'histoire (ex. : le rire/les larmes).

– « Le coffre magique » (page 95).

En demandant de sortir du coffre des objets relatifs à la danseuse (ex. : ses chaussons).

– « Jouons ensemble » (page 116).

Tous les enfants vont interpréter, sur la musique, l'histoire de la danseuse (laisser les enfants se répartir les rôles) et jouer avec leur sensation du moment.

Sixième séance : interprétation

Cette séance sera exclusivement consacrée à la représentation, chaque enfant devra interpréter le rôle de la danseuse tandis que les autres joueront le public, puis le rôle d'un spectateur tandis qu'un autre sera la danseuse.

Prolongements et conclusions

À la fin de cette sixième séance, vous pourrez, au gré de vos besoins et de ce groupe d'enfants, considérer que le thème a été étudié dans son entier ou bien prolonger sur d'autres séances en approfondissant le travail d'interprétation de chaque enfant.

Vous pouvez, pour un mini-spectacle de fin d'année, faire travailler différents thèmes musicaux selon ce principe, chaque enfant du groupe aura alors sa propre scène à jouer sur une musique bien définie.

Voici, entre autres, les morceaux de musique sur lesquels des enfants ont travaillé et qui ont fait l'objet d'un spectacle de fin d'année.

- Dead can dance, *The Serpent Egg*.
- Doors, *Riders on the Storm*.
- Pavarotti, *Caruso*.
- Strauss, *Ainsi parlait Zarathoustra*.
- Didier Lockwood.
- Cesaria Evora, *Sodade*.
- Santana, *Baila mi Hermana*.

Thème de travail n° 2 : les tableaux

Pour faire connaître le patrimoine artistique aux jeunes enfants, il n'est jamais trop tôt ; ils réagiront toujours aux couleurs, aux formes, aux mouvements...

Tableaux de maîtres
Les tableaux seront les déclencheurs du travail et faciliteront la direction et les objectifs à lui donner.
Quelle que soit l'œuvre avec laquelle vous travaillerez, n'omettez pas de présenter le peintre.

1. Travail sur les émotions
Réactions des enfants devant *La Chambre*, de Van Gogh, 1889. Comparaison avec la leur.
Improvisations sur le thème « Ma chambre à coucher » :
– « Je suis seul dans ma chambre ».
– « Ma chambre le soir ».
– « Je reçois un ami dans ma chambre ».
« Jouons ensemble » (page 116).
– *Route aux cyprès* et *Ciel étoilé*, Van Gogh, 1890.
À partir d'un tel tableau, on peut demander aux enfants :
– de donner sur le vif leurs impressions (qui seront émotionnelles),
– de retenir quelques phrases, les plus poétiques, les plus émouvantes,
– de travailler ces phrases gestuellement.
Voir à ce sujet, dans le mini-stage de deux jours, dans la quatrième demi-journée, § 4 (page 23).

2. Travail sur le mouvement et le rythme

À partir de tableaux de maîtres tels que ceux de Fernand Léger, de Vasarely, vous pouvez :
– pour travailler sur le mouvement, faire construire des machines infernales reproduisant les œuvres ou inspirées par elles (voir l'exercice « Les machines infernales », page 94) ;
– pour travailler sur le rythme et le son, inspirez-vous de l'exercice « Je t'écoute et je bouge » ou de l'exercice « Le concert » (pages 57 et 113).

Tableaux d'enfants

Ils seront peints ou réalisés d'après collages.
Un tableau réalisé en classe ou à la maison vous paraît particulièrement intéressant (œuvre individuelle ou collective) ; vous pouvez, à partir de ce support, travailler autour du son et du mouvement en construisant des machines infernales (page 94) ou en créant un concert (page 113), ce dernier pouvant être enregistré et servir de bande sonore pour une exposition de tableaux d'enfants.
À partir de tout tableau, vous pouvez travailler l'exercice « Les petits dessins » (page 112).

Conseils

▷ *Le choix d'un tableau comme support de travail est souvent subjectif, efforcez-vous pourtant de recevoir toutes les propositions des enfants.*

Thème de travail n° 3 : visite dans le quartier

Si vous travaillez sur le thème de l'environnement, vous irez à coup sûr faire une promenade autour de l'école, dans le quartier où se situe ce lieu de vie si important pour vos petits.

Demander aux enfants, avant de partir pour cette promenade, d'être attentifs à ce qu'ils voient, à ce qu'ils entendent, aux personnes qu'ils croisent sur le chemin et, surtout, de faire cela différemment avec un regard autre que celui qu'ils ont en venant chaque matin à l'école. Vous les encouragerez à cela en ayant vous-même cet autre regard.

Tout peut se passer comme si chaque enfant était un magnétophone et une caméra, et enregistrait les bruits, les scènes du quartier. Voici, à partir d'une visite, un travail possible en cinq séances, chacune d'elles durant entre quarante-cinq minutes et une heure.

Première séance

1. Concentration et visualisation
Adapter l'exercice « Images mentales » aux différents lieux du quartier.
2. « Promenons-nous dans les bois » à adapter à la visite qui aura été faite.

3. « Du murmure au cri », exercice à exécuter en demandant aux enfants de faire comme s'ils étaient dans le quartier, éloignés l'un de l'autre de plusieurs mètres.
4. « Hop ! ».
5. « Pièces de machine ».
6. « Le caillou » permet de sortir du travail.

Deuxième séance

1. Concentration : écoute d'une musique relaxante.
2. « Les statues de pierre ». Vous proposerez des statues en rapport avec la visite du quartier : arbre, maison, immeuble, facteur, bruit, silence, animaux, etc.
3. « La boule de pâte » : le sculpteur devant reproduire une statue rencontrée sur le chemin et lui donner un nom.

4. « Promenade de l'aveugle » : la folle aventure dans laquelle sera entraîné l'aveugle se situera dans le quartier, les obstacles seront : telle rue à traverser, telle petite rivière, entrer dans tel magasin, etc.
5. Assis en cercle, les yeux fermés, les enfants pensent à un bruit ou un son qui les aurait frappés lors de la promenade et vont simplement, les yeux toujours fermés, émettre ce son ou ce bruit à tour de rôle, sans donner d'explication (il peut y avoir un chien qui aboie, une sirène, un klaxon, des bruits de pas...).
Toutes les propositions seront acceptées.
6. « Je me gonfle » : sortie du travail, les enfants font trois respirations complètes collectivement.

Troisième séance

1. « Mes bruits » : concentration.
2. « Arrêt sur image » avec, dans le prolongement du mouvement, l'émission d'un son, toujours en rapport avec les rencontres faites lors de la visite.
3. « Les machines infernales » : les machines construites pourront être libres mais en rapport avec le thème, ou bien dirigées, et le nom de la machine est donné au départ : machine-rond-point, machine-maison, machine-usine...

4. « Allô ! Mamie ? »
5. « Les quatre personnages » : le choix des personnages étant dicté par ceux rencontrés dans le quartier.
6. « Lourd et chaud » : sortie du travail.

Quatrième séance
1. « Promenade mentale » à adapter au thème.
2. « Gendarmes et voleurs ».
3. « Mime » : les actions à mimer seront bien entendu en liaison avec ce qui aura été vu (un livreur déchargeant un camion, un attroupement...).
4. « Le défilé des vingt » : les personnages seront empruntés à ceux rencontrés.
5. « Promenade mentale » : par des phrases appropriées, l'adulte mènera mentalement les enfants dans le quartier, leur demandera d'émettre un son, puis de se lever et de se promener dans les rues, toujours en émettant le son ; peut-être des rencontres se feront-elles entre les enfants (les accepter). Puis, lentement, faire revenir les enfants à leur position de départ, c'est-à-dire allongés.

Cinquième séance
1. « Concentration collective ».
2. « Danse du crabe et de la girafe ».
3. « Tout de suite, en musique » : l'histoire gestuelle à raconter doit être inspirée par le thème.
4. « Le coffre magique » : sortir de la valise ce que les enfants aimeraient qu'il y ait de plus extraordinaire dans leur quartier.
5. « Le concert » : cette improvisation sera le point final du travail sur le thème. Vous pouvez lui donner un caractère solennel en invitant les enfants d'autres classes à écouter le concert, une fois celui-ci répété et travaillé.
6. Applaudissements des spectateurs !

Thème de travail n° 4 : le livre

Savoir que les livres racontent notre vie et la vie des autres, que les mots, les images, les illustrations sont toujours les mêmes, c'est sécurisant pour le jeune enfant. Il y prend au fur et à mesure ce qu'il est capable d'intégrer. Au début, il y a la liberté de chacun pour y grandir à son rythme, puis vient l'anticipation, une nouvelle lecture de l'histoire. Une autre lecture et l'esprit critique se développe. L'enfant est alors capable de rêver à d'autres fins, de jouer l'histoire et d'en être le héros.

Le livre, l'histoire, les illustrations deviennent alors des bases de travail très riches.

Au début de ce livre, dans le chapitre « Mini-stage de deux jours », un tel exemple de travail vous est donné que vous pourrez transformer, vous approprier en y travaillant à plus long terme ou, au contraire, sur une seule séance. À vous de choisir le livre ou l'album adéquat.

Voici certains ouvrages qui m'ont servis de support en séances d'improvisation pour des travaux à court ou à long terme ;

- *Pierre et le Loup*, Prokofiev, TRNKA, éd. de la Farandole.
- *Jumanji*, Van Allsburg, École des loisirs.
- *Boréal express*, Van Allsburg, École des loisirs.
- *Le Balai magique*, Van Allsburg, École des loisirs.
- *Le Chien bleu*, Nadja, École des loisirs.
- *Quand je serai grand, je serai le Père Noël*, Solotaref, École des loisirs.
- *L'Enfant et les Sortilèges*, Colette, Flammarion.
- *Le Ballet de Coppélia*, K. Turska, Flammarion.

Annexes

La recentration

Pourquoi ?
Les exercices qui suivent sont notés sous quatre rubriques :
– Concentration.
– Respiration.
– Visualisation.
– Relaxation.
Ils entraînent l'enfant à fixer progressivement son attention de l'extérieur vers l'intérieur, à cesser de se disperser et à vivre en harmonie avec lui-même. C'est, à notre sens et dans notre méthode, la base de tout travail sur le jeu théâtral.

Comment ?
Il nous paraît nécessaire que ces exercices soient faits dans une salle appropriée, en veillant à ce que la température y soit agréable, que chaque enfant dispose d'une couverture pour s'allonger sur le sol, que les vêtements ne gênent en rien la respiration et les mouvements.
Ce travail doit être un moment de grande sérénité et, par son calme et son amour, l'adulte fera de ces « temps de recentration » des moments qui deviendront indispensables à l'enfant.

Quand ?
En début, milieu ou fin de séance.

LA CONCENTRATION

 L'enfant a peut-être du mal à terminer une tâche, il papillonne d'une activité à une autre, et, dit-on, ne fixe pas son attention...

Les exercices de concentration peuvent le corriger en lui apprenant à mieux se maîtriser et se connaître. Ils seront exécutés dans un climat de calme et de détente, des consignes précises dites par l'adulte d'une voix calme guideront les enfants ; l'adulte, par sa propre concentration, les sécurisera. Ils auront lieu en début de séance, pour bien recentrer les enfants sur ce qui va avoir lieu « maintenant » et ainsi mettre entre parenthèses momentanément ce qui s'est passé avant, enfin être parfaitement à l'écoute du travail qui va suivre.

Les yeux fermés

Inviter l'enfant à s'allonger, à fermer les yeux et à garder les yeux clos « tant que » : « Je chanterai la chanson... », « Ton camarade te caressera la tête... », « Ton camarade aura sa main dans la tienne... », « La musique sera présente... ».

N.B. : Nous insistons particulièrement sur cet exercice qui est la base de certains autres (notamment en relaxation). La peur, l'angoisse du noir empêchent les enfants de garder les yeux fermés très longtemps, l'adulte devra faire preuve de patience à l'égard de certains d'entre eux ; petit à petit l'enfant prendre confiance et l'angoisse fera place au calme et à la sérénité.

Mes bruits

En position allongée, le corps bien étendu, l'enfant devra porter son attention sur les bruits qu'il peut entendre à l'extérieur de la pièce, puis sur les bruits qu'il entend à l'intérieur de la pièce ; enfin, sur ses propres bruits (« le passage de l'air dans mes narines », « les bruits de mon ventre », « l'air qui ressort par ma bouche », « le bruit de mon cœur », etc.).

L'enfant reste quelques instants dans cette position, calme et détendu, puis s'étire et se relève doucement.

Concentration collective

Les enfants sont debout en cercle et se donnent la main ; l'adulte fait partie du groupe. Les pieds sont légèrement écartés, bien posés sur le sol, le visage, les épaules sont détendus, la tête est bien droite.

Inviter les enfants à fermer les yeux, à sentir la main de l'autre dans la leur, le toucher doit être agréable, les mains ne se serrent pas mais s'effleurent, une légère chaleur doit se faire sentir.

Après quelques instants, demander aux enfants de se lâcher les mains très très doucement — la séparation ne doit pas être brutale — puis d'ouvrir les yeux tout aussi doucement.

De la tête aux pieds

Dans un premier temps, demander aux enfants de sauter, de bouger bras et jambes, de jouer avec le dos, les mains, les pieds, très silencieusement, puis de s'allonger confortablement et de se détendre.

Ce qui suit sera dit par l'adulte d'une voix très douce, en veillant bien à ce que rien ne vienne déranger l'enfant qui doit rester centré sur lui-même.

« Je ne fais pas de bruit, c'est le silence, je suis bien, je respire calmement. Je suis allongé et je me sens calme. Je pense à mon corps, je le sens tout entier, je pense à ma tête... bien posée sur le sol, à mon visage bien détendu, à mon cou, mes épaules, mes bras le long de mon corps, mes mains, mes doigts ; puis, je remonte jusqu'à ma poitrine, je la sens se soulever et s'abaisser au rythme de ma respiration... Je pense à mon ventre... à mon dos... bien posé sur le sol, un peu lourd... je pense à mon bassin, à mes jambes un peu écartées l'une de l'autre, à mes pieds, à mes orteils... je pense à mon corps, à tout mon corps allongé sur le sol et je suis bien, très bien, je suis calme, détendu. »

Puis, demander aux enfants de se relever très lentement en position assise d'abord, puis debout.

LA RESPIRATION

Les enfants, à l'écoute de leur rythme respiratoire, acquièrent une plus grande maîtrise d'eux-mêmes d'où découle une sensation de bien-être et de plaisir.

Les jeux qui suivent seront faits de bonne grâce et, en général, avec beaucoup d'intérêt car souvent les jeunes enfants sont très attirés par ce phénomène qui gonfle et dégonfle leur ventre.

La fleur

Exercice de respiration abdominale.

En position allongée, confortablement, les mains sur l'abdomen, les enfants vont imaginer avoir une fleur posée entre les sourcils et vouloir la sentir ; pour cela ils vont inspirer lentement et profondément par le nez (sentir leur ventre se gonfler), puis expulser l'air par la bouche (et sentir leur ventre se dégonfler et leurs mains s'abaisser).

J'imagine et je respire

Tandis que les enfants sont en position libre, leur demander d'imaginer qu'ils respirent un parfum, une fleur, un gâteau au chocolat ; qu'ils soufflent sur une boisson chaude ; qu'ils gonflent un ballon ; qu'il font des bulles. À chaque indication, laisser aux enfants le temps de trouver le rythme respiratoire qui leur est propre pour exécuter chaque exercice. À vous de juger si, en préalable, des situations réelles sont nécessaires.

Je me gonfle

Les enfants sont en position allongée, confortablement. Les inviter à gonfler le ventre en inspirant par le nez (respiration abdominale), puis à écarter les côtes (respiration costale), puis à soulever la poitrine (respiration claviculaire), enfin à expulser l'air par la bouche très doucement. Pour que l'enfant distingue bien les trois étapes de la respiration, demandez-lui de poser les mains sur les différentes parties de son corps qui entrent en jeu (ventres, côtes, clavicules).

L'ascenseur

Inviter les enfants à s'allonger confortablement puis leur demander :
– d'inspirer en bloquant momentanément le passage de l'air (ceci deux ou trois fois), puis d'expulser l'air de façon continue.
Faire recommencer deux ou trois fois l'exercice.
– d'inspirer de façon continue puis d'expulser l'air en bloquant momentanément son passage.
Faire recommencer l'exercice deux ou trois fois.

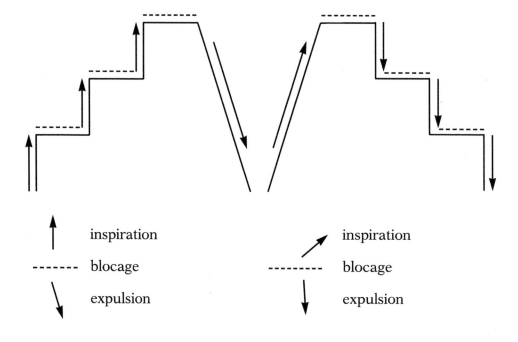

inspiration

----- blocage

expulsion

inspiration

----- blocage

expulsion

LA VISUALISATION

La visualisation permet à l'enfant de retourner aux sources de son imagination. Elle favorise la concentration, la relaxation et augmente sa faculté de mémorisation. Elle développe donc imagination et créativité.

Le rôle de l'adulte sera d'inviter l'enfant à composer ses propres images et à les voir comme dans un rêve sur son petit « écran mental ».

Ces exercices seront faits dans un climat de détente, de relaxation, en début de séance ou en cours de séance si l'adulte veut faire visualiser un fait théâtral précis afin que l'enfant s'en imprègne et, en visualisation, « imagine » telle ou telle situation.

Le mot

Inviter l'enfant à s'installer confortablement, à fermer les yeux et à penser à un mot qui évoque quelque chose de réel (la mer, la forêt, la maison, etc.), à voir « dans sa tête » la représentation du mot ; puis lui demander d'associer ce mot à d'autres objets (ex. : la mer, la plage, les baigneurs...), puis d'imaginer des situations diverses (ex. : « Je suis parmi les enfants de la plage », « Je fais un château de sable », etc.).

Cet exercice peut se faire également à partir d'un mot que l'enfant inventera ou qu'il aura entendu mais dont le sens ne lui est pas connu.

Images mentales

L'enfant ferme les yeux et se laisse guider par la voix de l'adulte qui lui demande de « voir dans sa tête » un bateau sur la mer, le soleil qui se lève sur la montagne, une fleur qui s'ouvre, la brise légère dans les arbres, l'oiseau qui vole, le chat qui joue, etc. (Nous laissons place à votre imagination.)

Les images que les enfants verront doivent être belles, la voix de l'adulte sera donc lente et douce ; une musique d'accompagnement est souhaitable (voir la musicographie).

Promenade mentale

Inviter les enfants à s'étendre dans la position qu'ils choisissent eux-mêmes, qui leur semble être la plus confortable, et à fermer les yeux.

Leur demander de rentrer en eux-mêmes, de voir sur leur petit écran mental où ils se trouvent (dans cette pièce, allongés), puis de se voir se lever, aller vers la porte, sortir de la pièce, sortir du bâtiment ; au bout de la route il y a un chemin très ensoleillé, des jardins le bordent, on entre dans l'un d'entre eux, l'herbe est agréable sous les pieds, il y a des fleurs. On s'approche de l'une d'entre elles, elle sent bon, c'est une fleur magique, elle est de toutes les couleurs, bleu, rouge, vert, jaune, rose, orange. On entend des oiseaux dans le pommier qui est au milieu du jardin, on cueille une pomme, on la croque, elle est délicieuse, juteuse, on s'assied et on s'imagine mangeant la pomme.

Doucement, on efface l'image de son écran mental, on ouvre les yeux, on s'étire, on se relève et... on peut manger une pomme (réelle celle-ci !). Retour à la réalité...

La pierre

L'adulte invite les enfants à s'installer confortablement et à palper une pierre. Quelle est sa forme, sa couleur, etc. ? Puis, à poser la pierre à côté d'eux et, les yeux fermés, voir la petite pierre « se dessiner dans sa tête ». Ensuite, leur demander d'associer à la pierre d'autres objets, d'imaginer d'où vient cette pierre, quelle est son histoire, l'imaginer dans un lieu précis, chez nous, ailleurs, ce qu'elle va devenir, etc.

Évidemment, la pierre est un exemple d'objet, vous pouvez en imaginer d'autres, mais il seront toujours simples et feront partie de l'univers de l'enfant.

LA RELAXATION

La relaxation est à envisager pour les enfants dans un but de détente, pour leur procurer un sentiment de bien-être, remettre en place leurs énergies en dénouant les résistances. Un support musical peut aider les enfants qui auraient tendance à s'agiter pendant les exercices, tout comme il est nécessaire que la voix de l'adulte soit empreinte de calme, d'amour, de partage et de don.

La relaxation peut se situer en début de séance si les enfants montrent une excitation évidente, ou en fin de séance si les enfants ont fourni un gros effort intellectuel et physique, ou les deux ; elle intervient ici comme un retour au calme, comme un ressourcement.

L'adulte veillera à ce que les exercices de relaxation soient faits dans le plus grand confort (salle, vêtements, etc. ; voir page 132 : « La recentration », paragraphe intitulé « Comment ? »).

La poupée de chiffon

Inviter l'enfant à s'allonger, les jambes légèrement écartées et les bras le long du corps. Lui demander de respirer calmement en essayant de bien « humer » l'air qui entre par le nez et qui ressort par la bouche. Lui demander de se sentir devenir une poupée toute molle en commençant par les muscles de la face, du cou, pour aller jusqu'aux pieds. L'adulte devra énumérer toutes les parties du corps qui deviendront peu à peu comme du chiffon. « Maintenant votre corps est léger, très léger. »

Après un temps dans cet état, aider les enfants à revenir, en faisant le chemin inverse, des pieds jusqu'à la tête, leur demander de sentir leurs muscles redevenir fermes à nouveau.

Tout dur, tout mou

Inviter les enfants à s'allonger, puis à durcir les muscles du visage et à les relâcher, à serrer les dents puis à relâcher, à contracter le cou puis à relâcher. Leur demander de faire de même pour les épaules, les bras, les mains, le ventre, les fesses, les cuisses, les mollets, les pieds. Chaque partie du corps étant bien détendue, les enfants sont envahis par une

sensation de bien-être ; ils restent ainsi quelques instants et, à leur rythme, ouvrent les yeux, commencent à bouger la tête, les membres, s'étirent, puis très lentement se relèvent vers la position assise, puis debout, ils bâillent et, avec leurs poings tapotent chaque partie de leur corps comme pour se raffermir et se réveiller. D'une voix calme, emplie de paix, vous guiderez chaque étape de cette relaxation.
Ici, une musique douce et relaxante est conseillée.

Lourd et chaud

Après avoir invité les enfants à s'allonger, l'adulte va les relaxer en leur demandant de détendre tous les muscles du front jusqu'aux pieds, en les énumérant d'une voix calme. Il insiste sur la respiration qui doit être régulière.
La détente étant réalisée, il demande aux enfants d'imaginer une sensation agréable de lourdeur des pieds jusqu'à la tête (comme si le corps s'enfonçait dans le sol). « Je suis lourd, très lourd. »
Puis, dans le prolongement de la lourdeur, l'adulte demande aux enfants de développer en eux une sensation de chaleur en commençant par les pieds pour remonter jusqu'à la tête. L'adulte insiste sur la sensation de bien-être que provoque cette douce chaleur, ainsi que sur la respiration lente et calme.
Puis, le retour à l'éveil se met en place, guidé par l'adulte ; sensation d'éveil des pieds à la tête, en énumérant les différentes parties du corps. Les enfants, après de légers mouvements des pieds et des mains et des étirements, peuvent ouvrir les yeux quand ils le désirent et se mettre en position assise, très lentement.
Une musique calme et relaxante est ici souhaitable (voir la musicographie).

Table alphabétique des exercices

Bibliographie

Boal Augusto, *Jeux pour acteurs et non-acteurs*, Maspéro, 1983.
Brook Peter, *Le diable, c'est l'ennui*, Acte Sud, 1991.
Lagrange Sophie, *Mille ans de théâtre*, éd. Milan, 1993.
L'enfant, le jeu, le théâtre, Cahier théâtre/éducation n° 2, Acte Sud, 1990.
Yendt Maurice, *Les Ravisseurs d'enfants*, Acte Sud, 1989.
Ryngaert Jean-Pierre, *Le Jeu dramatique en milieu scolaire*, Éd. universitaires, 1991.
Héril Alain, Mégrier Dominique, *60 exercices d'entraînement au théâtre*, Retz, 1993.
Héril Alain, Mégrier Dominique, *Entraînement théâtral pour les adolescents*, Retz, 1994.
Boski Samy, *La relaxation active à l'école et à la maison*, Retz, 1993.
Chauvel Denise, Noret Christiane, *Des jeux pour détendre et relaxer les enfants (2-6 ans)*, Retz, 1994.

LIVRES ET ALBUMS CITÉS

Thierry Lenain, *Aïssata*, éd. Syros.
Van Allsburg, *Jumanji ; Le Balai magique ; Boréal Express*, École des loisirs.
Nadja, *Le Chien bleu*, École des loisirs.
Solotaref, *Quand je serai grand, je serai le Père Noël*, École des loisirs.
Colette, *L'Enfant et les Sortilèges*, Flammarion.
K. Turska, *Le Ballet de Coppélia*, Flammarion.
Prokofiev, *Pierre et le Loup*, éd. de la Farandole.

Musicographie

Musiques douces et relaxantes
Henry GENDROT, *Musique d'harmonisation ;*
Nova, Ellébore.
R. HOLLINGER, *Aurore*, Auvidis.
Michel SAUGY, « Navicula », *Océanique ;*
Alizé, Ellébore.
Éric SERRA, *Le Grand Bleu.*
Keith JARRETT, *The Köln Concert.*
VIVALDI, *Stabat Mater*, L'Oiseau-lyre.
René AUBRY, *Steppe*, Média 7.
Musique de relaxation, Londres, vol. I à V.
Écoute la mer, éd. Morisset.

Musiques classique et contemporaine
STING, *The Soul Cages*, AM record.
Jordi SAVALL, *Tous les matins du monde*, Auvidis.
BARBER, *Adagio pour cordes.*
SAINT-SAËNS, « Le Cygne » dans *Le carnaval des animaux ; Requiem.*
ALBINONI, *Adagio pour archet et orgue.*
DEAD CAN DANCE, *The Serpent Egg.*
Johann STRAUSS, *Le Beau Danube bleu.*
Henri GORECKI, *Symphonie n° 3.*
BACH, *Concerto brandebourgeois n° 4.*
Arvo PART, *Tabula rasa*, ECM.

Achevé d'imprimer en juillet 2011
sur les presses de l'imprimerie
France Quercy, 46090 Mercuès
Dépôt légal : février 2000
N°de projet : 10180404
N° d'impression : 11013

Conception graphique et mise en page :
Studio Primart
Coordination éditoriale : Olivia Goldstein
Illustrations : Élisabeth Dorval